32살 조과장은
어떻게 50억 자산을 소유하게 됐을까?

사회초년생을 위한 A부터 Z까지 재테크 특강

32살 조과장은 어떻게 50억 자산을 소유하게 됐을까?

조영무 지음

매일경제신문사

32살에 50억 자산 달성!

현재의 나를 수식하는 말이다. 하지만 사회초년생으로 시작하던 20대 중반에는 아무런 자산도 없었고, 무급 인턴으로 사회생활을 시작했다. 그저 매일매일 회사에 출퇴근하고 친구들과 만나러 다니는 일상이 전부 다였다. 그러다가 어느 순간 퇴근하면서 이렇게 살다가는 결혼은커녕 내 집 마련도 불가할 것 같다는 생각에 미래에 대한 막막함이 커졌다.

어렸을 때 나는 주류나 주인공과는 거리가 먼 학창 시절을 보냈다. 그래서 수학여행이나 야외 수업은 나에게 매우 신경 쓰이고 스트레스 받는 날이었다. 나는 주류가 되고 싶어 눈치를 보고, 속으로 끙끙대던 내성적인 아이였다. 자신감이 없던 외모로 여자친구들에게 쉽게 접근하기 힘들었던 아이. 그래서 할 수 있는 것은 반장이 되는 것이었다.

나보다 더 힘들고 괴로운 학창 시절을 보낸 이들에게는 크게 힘든 일이 아니라고 생각할 수도 있다. 내가 불행했다고 생각했던 것은 아니다. 확실한 것은 현재 32세라는 나이에 50억 원이라는 자산을 일군 뒤 자산가로 살아가는 지금의 나와는 전혀 다른 과거가 있었다는 것이다. 지금 나를 알고 있는 사람들 대부분은 나의 과거를 쉽게 짐작하지 못한다. 마찬가지로 학창 시절에 나를 알던 친구들은 지금의 나를 상상하기 어려울 것이다.

나는 태어났을 때부터 부나 능력을 타고난 경우가 아니다. 나의 아버지는 로버트 기요사키의 책 《부자 아빠 가난한 아빠》에 나오는 '가난한 아빠'의 전형적인 모델이었다. 아버지께서는 나에게 항상 "투자는 위험하다", "주식은 절대 하지 마라", "좋은 직장에서 정년퇴직해라"라는 말씀을 해주셨다. 물론 아버지 시대에는 위와 같은 공식이 통했을지도 모른다. 높은 경제 성장률을 바탕으로, 성실히 일하면 자연스럽게 진급이 되었고, 정년퇴직할 때는 나름 두둑한 퇴직금과 연금을 통해 안정적인 노후생활을 했을지도 모른다. 하지만 현재 우리들은 낮은 경제 성장률과 채용인원도 줄어들고 월급도 물가 상승률 대비 낮은 시대를 살고 있다.

자본주의와 경제에 대해서 아무것도 몰랐던 나는 아버지 말씀을 따라서 열심히 취업을 준비했고 직장인으로 사회생활을 시작했다.

직장인으로서 최선을 다해 몸값을 올리기 위해 노력했고, 몇 년 전에는 이직을 통해 연봉을 더 올리기도 했다. 덕분에 직장인으로서 과거보다는 더 높은 월급을 안정적으로 받고 있고, 투자를 통해 자산을 늘려가고 있다.

아버지의 말씀처럼 투자하지 않고, 직장 생활만 하면서 정년퇴직 때까지 일하며 살아갈 수도 있었다. 하지만 나는 변화할 수 있는 방법이 있다는 것을 점진적으로 깨달았고 조금씩 변화했을 뿐이다. 그래서 방법만 알게 된다면 누구나 변화할 수 있다고 확신한다. 내가 180도 변화한 것처럼 말이다.

이 책에는 사회초년생으로서 내가 어떤 생각을 해왔고, 어떤 것들을 통해 변화해왔는지를 담아냈다. 특히 부동산 투자 사이클, 부동산 종류별로 투자 노하우와 사회초년생으로서 쉽게 접근할 수 있는 1억 미만 투자 사례들을 공유해보고자 한다. 사회초년생 누구나 이 책을 통해 '나도 할 수 있다'는 자신감을 얻게 하고, 월급을 통해 부동산 자산을 늘려가는 일이 어려운 일이 아니라는 것을 보여주고 싶다. 직장인의 최대 장점인 안정적인 월급과 높은 신용 등급을 활용해서 다 같이 경제적 자유에 한 발짝 다가가 보자.

왜 반드시 투자해야 하는가?

PART 2

결국 '이런' 사람이 부자가 됩니다

PART 3

시드머니 모으기 불변의 법칙

PART 4

스마트한 투자자가 되기 위한
프롭테크 활용법

PART 5

자본주의 투자 상식

PART 6

부동산 물건별 투자 포인트

PART 7

사회초년생들을 위한 1억 미만 투자 사례

PART 1

왜 반드시

투자해야 하는가?

직장인이라면
꼭 돈 공부를 해야 하는 이유

경제적 자유를 찾아서

신입사원 시절, 경제적 자유라는 목표가 생겼다. 그리고 경제적 자유를 회사 월급만으로 이룰 수 있다고 생각했다. 당시에 부모님은 오직 좋은 회사에 취업하는 것이 부자가 되는 길이며 멋진 길이라고 이야기하셨다. 직장인으로서 부자가 될 수 있다고 생각했다. 그래서 직장인으로서 가장 돈을 많이 받는 기업의 월급쟁이 사장이 되는 것이 나의 목표였다.

회사에서 사장이 되기 위해 신입사원 때는 회사에 나의 시간 대부분을 투자했다. 항상 부서에서 가장 일찍 출근했고, 가장 늦게 퇴근하면서 일을 배웠다. 일단 모르는 일도 내가 해보겠다며 지원하기도

했다. 회식 때에는 "회사에 뼈를 묻겠습니다!"라며 큰소리쳤다.

일도 열심히 하면서 신입사원 때부터 본격적으로 돈을 모았다. 월급의 80% 이상을 저축했다. 자취 비용을 아끼겠다고 부모님 집이었던 수원에서부터 여의도까지 출퇴근했다. 편도 2시간, 왕복 4시간이라는 출퇴근 시간은 너무 피곤했다. 하지만 피곤을 뒤로 하고, 출퇴근 시간을 활용하고자 경제 책을 읽거나, 경제 라디오인 〈이진우의 손에 잡히는 경제〉를 들었다. 참고로 지금까지도 듣고 있는 너무 유용한 프로그램이니 꼭 듣기를 추천한다.

이렇게 1년 정도 회사에 다녔을까? 문득 나의 목표인 사장님과 임원분들도 이렇게 직장인으로 부자가 되었는지 궁금했다. 알아본 결과 사장님은 강남에서 거주하고 계셨다. 사장이 되면 강남에 거주할 수 있다는 생각에 일단은 다행이라는 생각을 했다. 하지만 술자리에서 들어보니 현재 강남 아파트에 전세로 거주한다고 했다. 부동산 하락에 배팅하면서 강남 자가를 매도했고, 결국 부동산 상승장을 직격탄으로 맞은 것이다. 사장님 앞에서 부동산 이야기는 하면 안 되는 거였다.

'사장님이 부자가 아니라고?' 목표를 잃은 기분이었다. 지금까지 사장이 돼서 부자가 되겠다는 생각으로 살아왔다. 그런데 갑자기 우리 회사의 사장이 부자가 아니라고 하니 나는 더 이상 부자가 되지 못할 것 같은 두려움이 들었다.

다행히 몇몇 임원분은 서울 강남이나 서울 상급지에 자가를 갖고 있고, 여러 부동산도 보유하고 있다고 했다. 하지만 술자리 때 얘기를 들어보니 본가나 처가가 원래부터 부자였던 경우였다. 그 외 대다수는 내가 생각하는 부자가 아니었다. 월급만으로는 부자가 될 수 없다는 것을 알게 되었다.

지금 생각하면 우습지만 그 당시 사회초년생이었던 내가 했던 가장 심각한 고민이었다. 그래서 한국에서 부자가 된 사람들을 조사하기로 했다. 이를 위해 책도 읽고, 유튜브도 보고, 사람들도 만나고, 금융기관들의 부자 보고서들도 참고했다. 결론적으로 한국에서 부자가 되기 위한 방법으로는 상속/증여, 주식, 사업 그리고 부동산이라는 방법이 있었다.

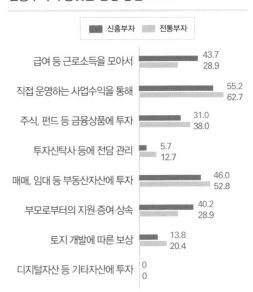

신흥부자의 부의 원천(단위: %)

	신흥부자	전통부자
상속/증여	20.7	15.5
부동산 투자	26.4	25.4
금융투자	10.3	10.6
사업소득	32.2	38.7
근로소득	10.3	9.9

신흥부자의 종잣돈 형성 방법(단위: %)

■ 신흥부자　▨ 전통부자

	신흥부자	전통부자
급여 등 근로소득을 모아서	43.7	28.9
직접 운영하는 사업수익을 통해	55.2	62.7
주식, 펀드 등 금융상품에 투자	31.0	38.0
투자신탁사 등에 전담 관리	5.7	12.7
매매, 임대 등 부동산자산에 투자	46.0	52.8
부모로부터의 지원·증여·상속	40.2	28.9
토지 개발에 따른 보상	13.8	20.4
디지털자산 등 기타자산에 투자	0	0

상속/증여, 주식, 사업 그리고 부동산이라는 방법

그렇게 찾아낸 부자 되는 방법은 다음과 같다. 첫 번째, 증여 및 상속이다. 부자 되기 가장 쉬운 방법이다. 당신의 부모님이 사업을 크게 하거나 큰 건물을 가지고 있거나 서울 핵심지역에 아파트를 소유하고 있어서 당신에게 증여해줄 수 있다면 이 책을 더 이상 읽지 않아도 된다. 진심이다. 특히 증여를 통해서 부자가 될 수 있는 사람들이라면, 이미 그런 사람들의 부모님들은 경제적인 안목도 뛰어나다. 자본뿐만 아니라 삶을 살아가는 경제적인 마인드도 자식에게 물려주기 때문에 자연스럽게 더욱 부자가 될 확률이 올라간다. 하지만 나는 그렇지 못했다. 부모님은 IMF 당시에 투자 실패로 빚이 많았다. 엎친데 덮친 격으로 투자 실패로 아버지는 건강 상태까지 나빠지셨다. 그래서 부자 되는 방법에서 증여 및 상속은 제외했다.

두 번째, 주식이다. 주식으로 부자가 된 사람들은 많았기에 주식을 공부했다. 연금과 펀드 모두 주식과 연관되어 있기에 금융 상품들 또한 공부했다. 회사 분석, 펀드 공부, 퇴직연금뿐만 아니라, 경제 흐름을 알기 위해 핸드폰 위젯을 통해 코스피 지수, 달러/원, 미국 국채, 나스닥 종합지수, VIX 지수 등을 매일 확인했다. 덕분에 코로나 시절에 주식 투자를 통해 평균 30% 이상의 수익을 얻을 수 있었다. 특히, 우리나라는 퇴직연금 평균이 1%대라고 하는데, 나의 경우 퇴직연금을 S&P500에 투자해서 35% 이상의 수익률을 얻었다.

하지만 회사 일로 바쁜 '직장인 개미'가 매일 주식만 쳐다보고 있는 기관투자자들을 이기기는 쉽지 않을 거라는 생각이 들었다. 주식을 하다 보면 계속 들여다보게 되는데 이는 회사 업무에 방해가 될 뿐만 아니라 자주 볼수록 '샀다 팔았다' 하며 단기투자를 하게 되니 큰돈을 벌기는 힘들 것 같았다. 또한, 모든 투자가 그렇듯이 부자가 되려면 남의 돈인 대출을 일으켜서 투자해야 수익을 극대화할 수 있다. 하지만 주식의 경우 증권회사로부터 대출을 일으켜서 주식을 구매한 이후, 주식의 가격이 일정 금액 이하로 하락하게 되면 증권사가 내 의사와 상관없이 주식을 팔아버린다. 그래서 종합해봤을 때 주식은 나와는 맞지 않았고, 부자가 되는 방법에서 주식을 제외했다.

세 번째, 사업이다. 사업은 부자가 될 수 있는 정말 매력적인 방법이다. KB경영연구소에서 매년 발행하는 〈한국 부자 보고서〉에도 항상 부자들의 부의 원천 1순위 방법은 사업 소득이다. 하지만 당시 신입사원인 나에게는 정말 막막했다. 대학 생활하면서 취업할 고민만 했던 나에게 사업 아이템은 뭐로 해야 할지, 자금은 어떻게 구해야 할지 등 뭐 하나 쉬운 게 없었다. 심지어 퇴직 후 직장인들의 종착지라고 하는 치킨집, 편의점 등을 차리려고 해도 몇 억이 필요했다. 하지만 이것만은 알고 있었다. 추후 사업은 꼭 해야 한다는 것이다.

사회초년생들은 직장인으로서 평생을 살다가 명예퇴직하면 안정적인 노후 생활을 할 수 있을 것이라고 생각하는 경우가 많다. 혹은 미래에 대해서 고민하는 것 자체를 싫어한다. 그래서 사업에 대해 고려해보지 않는 사람들도 많다. 하지만 직장을 다니면서 추후 퇴직 이후 어떤 사업을 할지 한 번쯤 고민해봐야 한다. 더 이상 국가나 회사에서 직장인들을 평생 돌볼 수 없기 때문이다. 과거에는 오랫동안 근로기간을 통해 모을 수 있었던 국민연금 및 퇴직연금마저 줄어들고 있다. 미리미리 돈을 제대로 모아두지 않는다면 지금의 사회초년생은 미래에 빈곤 노인으로 전락할 수밖에 없다.

네 번째, 부동산이다. 회식 자리에 가면 꼭 한 번씩은 부동산으로 부자가 된 사람들의 이야기가 나온다. 신입사원 시절부터 부동산으로 부자가 된 사람은 늘 동경의 대상이었다. 그래서 생각했다. 나도 부동산으로 부자가 되어 보자고. 이를 위해 다양한 특강을 들었지만, 처음으로 정기과정을 들었던 곳은 건국대학교 미래지식교육원의 자산관리 과정이었다. 상가 및 토지 투자로 유명하신 옥탑방보보스 님이 지도 강사로 활동하셨다. 해당 분양권, 토지, 상가, 경매, NPL 등 부동산에 대해서 다양하게 배웠다. 뿐만 아니라 좋은 동기분들도 만날 수 있었다. 건국대학교의 특징은 항상 뒤풀이가 있다는 점이었다. 강의에서도 다양한 노하우를 배울 수 있지만, 핵심 비결은 뒤풀이에서 나왔다. 그리고 수업에서 만난 형님들, 누님들과 이야기하며 간접경험 또한 공유할 수 있었다.

당신이 부를
이뤄야 하는 이유

나에게도 갑작스럽게 찾아온 위험

나는 늘 주위 사람들에게 부자가 되어야 한다고 말한다. 엄청난 부를 이루면 좋지만, 적어도 돈 걱정은 하지 않을 정도가 되어야 한다고 말한다. 여러 가지 이유가 있겠지만 우선 불행을 최소화하기 위해서다. 사람들에게 불행은 예고하지 않고 찾아오기 때문이다.

가족이나 본인이 병에 걸리거나 자연재해 피해를 보게 되는 경우 등 갑자기 닥치는 불행은 아무리 부자라고 해도 막을 수 없다. 하지만 돈이 있다면 상황을 해결하는 데 도움을 줄 수는 있다. 전 세계에서 가장 실력 있는 의사에게 치료받을 수 있고, 자연재해로 피해를 보았다면 피해가 복구될 때까지 호텔에서 지낼 수도 있다.

많은 사람이 나에게만큼은 피해가 절대 오지 않을 거라고 생각한다. 생각처럼 불행이 찾아오지 않으면 제일 좋겠지만 누구에게나 언제든 불행의 순간은 찾아올 수 있다.

어떠한 위험도 늘 대비하고 준비하는 나에게조차 불행은 찾아왔다. 우리 부부는 자녀 계획도 매우 계획적으로 세웠다. 자녀가 대학교에 입학할 때를 계산해서 조금이라도 경쟁률이 낮을 때 아이를 갖자고 생각했다. 그래서 인간이 가장 출산을 꺼리는 전염병 시절, 코로나로 한창이던 2020년 연말에 우리 부부는 아이를 가졌다.

2021년 8월에 우리 아이는 세상에 나오기 위해 발길질했고, 우리 부부는 미리 다녔던 대학병원으로 급히 이동했다. 대학병원 간호사나 관계자분들에게는 일상일 수 있는 출산이, 초보 남편인 동시에 초보 아빠인 나에게 매우 긴장되고 걱정되는 순간이었다. 그러니 그런 아빠 눈에 간호사나 관계자분들이 너무 늦고 안일하게 대응하는 것으로 보였고 새벽에 쩌렁쩌렁 소리를 지르기도 했다. 수술실에 아내를 들여보내고, '아이가 건강하게 잘 태어날까?', '아내도 건강하게 나올 수 있겠지?'라는 걱정을 많이 했다.

다행히 아내와 아이는 모두 건강했다. 앞으로 아이 이름을 뭐라고 지어줄까 등 행복한 고민을 했다. 하지만 입원실 옆 침대에서 코로나 확진자가 발생하여, 제대로 산후조리를 해야 했을 시기에 우리 부부는 집에 격리되었다. 혹시 모를 상황을 대비하여 대학병원에서 아이를 출산했는데 예상치 못한 일이 발생한 것이다. 아내는 결국 산후풍 등 후유증에 시달렸다. 아내는 손가락과 발가락, 관절 마디마디가 시려웠고, 으슬으슬 추위를 느꼈다. 하늘이 원망스러웠다. 이렇듯 불행은 예고하지 않고 찾아왔다.

미리 부를 쌓고 대비하라

앞서 이야기했듯이 부를 통해 불행은 어느 정도 최소화할 수 있다. 보통 2주 정도 산후조리원에서 휴식을 취하는데, 나는 아내를 위해서 코로나 격리 후 4주 정도 산후조리원에서 휴식을 취하게 했다. 뿐만 아니라, 비싸기로 소문난 산후조리원 마사지를 메일 받게 하며 최대한 아내의 건강이 회복할 수 있도록 도왔다. 이로 인해, 산후조리원 퇴원 시 남들보다 돈을 월등히 많이 지출해서 그런지 원장님과 부원장님은 마중까지 나와 주셨다. 아내에게도 이렇게 물었다고 한다. "남편이 되게 젊어 보이던데, 뭐 하시는 분이세요?" 지금까지 이 산후조리원에서 이렇게 돈을 많이 사용한 사람은 처음이라는 이야기였다.

산후조리원에서 나온 뒤에는 아내가 충분히 회복할 수 있도록 상주하는 이모님을 통해 아내의 회복을 도왔다. 매달 상주하는 이모님께 월급으로 약 300만 원씩 드렸고, 아내를 위한 한약 및 의료비용, 아기를 위한 좋은 음식을 위해 매달 약 200만 원씩 지출했다. 큰 부담은 되지 않았다. 다행히 미리 투자해둔 부동산과 매달 들어오는 월세 덕분에 생활에 큰 타격을 주지 않았고, 갑작스럽게 찾아온 불행을 최소화할 수 있었다.

이렇듯 돈은 예상하지 못한 불행의 순간에도 일상으로 금방 돌아올 수 있는 회복력을 만들어준다. 당신도 나와 같은 상황에 처한다면 어느 정도의 부를 준비해두지 않았을 경우. 그때는 큰 위험을 감수할 수밖에 없다. 충분한 산후조리는커녕 집에서 고통받는 아내를 그저 지켜봐야 하고, 건강이 더 나빠져 아기조차 제대로 잘 돌보지 못할 수 있다.

대부분의 사람들은 불행에 대해 생각조차 하기 싫어하고 미리 준비하지 않는다. 당신도 그럴 가능성이 크다. 실제로 큰 불행이 닥치면 준비한 것이 없어 나락으로 떨어져 헤어나오지 못한다. 혹은 회복력이 없기에 일상으로 다시 돌아오는 데 많은 시간이 소요된다. 정말 그런 불행이 여러분들의 인생에 절대 찾아오지 않을 것이라고 장담할 수 있는가? 불행으로 고통받고 불행에서 헤어 나오지 못해 고통받는 삶을 살고 싶지 않다면, 미리 부를 쌓고 대비해야 한다.

열심히 일만 한 것이
잘못이다

대부분의 사람들은 남들과 비교해서 덜 열심히 산 것도 아니고 허튼 짓을 한 것도 아니다. 하지만 단순히 일만 열심히 하고 투자와 사업에 관심을 두지 않았다는 이유만으로 나이가 들어서 혹독한 대가를 치르곤 한다. 내가 열심히 일하는 것보다 내 자본이 나를 위해 일하게 만드는 것이 더 중요한 세상이다. 제대로 살지 않으면 세상은 당신에게 이렇게 말할 것이다.

"당신이 열심히 일을 안 한 게 잘못이 아니라,
열심히 일만 한 게 잘못입니다."

그런데 사람들은 여전히 단순히 일만 열심히 하는 데 급급해하며 살고 있다. 나의 아버지도 예외는 아니었다. 나의 아버지는 정직하고 성실한 전형적인 한국인 그 자체다. 환갑이 넘으신 나이에도 일하고 계신 우리 아버지는, 매일 새벽 6시에 일어나서 빨간색 광역버스를 타고 서울로 출근하는 생활을 평생 하셨다. 지금도 우리 아버지는 정말 열심히 일하신다. 지금도 과거에 본인이 토요일까지 근무는 기본이고, 일요일까지 근무했다는 것을 자랑스러워하신다. 아직도 회사에 월급을 받고 근무하는 것을 뿌듯해하시며, 토요일도 회사에 나가 본인이 맡은 일을 한다는 것을 자랑스러워 하신다.

물론, 아버지의 아들로서 열심히 일을 하며 가정을 성실하게 꾸리신 것에 대해서 감사함을 느끼며, 지금의 나이에도 열심히 회사생활을 하는 것에 대해 존경을 표한다. 덕분에 삶을 살아가는 데 그리고 회사에 다니는 데 있어 성실이 근본이 될 수 있었다. 하지만 우리 아버지는 부자는 되지는 못했다. 열심히 '회사 일'만 했기 때문이다. 회사에 다니지 말라는 것이 아니다. 회사 일도 하면서 동시에 투자를 해야 한다는 것을 강조하고 싶다. 투자를 할 때 직장인으로서의 장점은 매우 많다. 초기에 종잣돈을 모으고, 회사의 시스템을 배울 수 있으며, 회사의 신용도를 활용하여 대출을 많이 일으킬 수 있다는 매우 큰 장점이 있다. 하지만 문제는 이 중요한 것을 놓치고 열심히 '일'만 한다는 것이다.

"본업만 하는 자는 망하고, 본업을 버리는 자도 망한다."

- 김재철 명예회장(동원그룹 창업주)

물론, 사회초년생으로서 직장을 저버리고 투자를 하라는 것이 아니다. 본인의 본업을 버리고 다른 일을 하는 것에는 엄청난 리스크가 있기 때문이다. 그렇다고 미래가 보장되지 않은 본업에만 충실한 것도 정답은 아닌 것이다. 본업에 충실하면서도 미래를 계획하는 삶, 사회초년생 여러분이라고 못할 것은 없다. 지금까지 직장에서만 열심히 살았다면, 혹은 직장에서만 열심히 살 계획이었다면, 지금 당장 부자로 은퇴하기 위해 공부를 시작하자. 책, 강의, 스터디 등 무엇이든 좋다. 일단 먼저 시작해라. 당신이 지금부터 시작한다면 앞으로의 소중한 시간을 절약할 수 있다.

그리고 무작정 퇴사하는 것은 절대 피해야 한다. 회사에 다니면서 부동산에 투자하거나 사업을 준비하는 것을 추천한다. 이는 외발자전거를 타면서 손으로는 두발자전거를 만드는 것과 같다. 이렇게 두발자전거가 완성되면 오토바이를 준비하고, 그 오토바이를 타면서 자동차로 옮겨 타는 것을 단계별로 준비해야 한다. 다시 말해, 지금 하는 것도 열심히 하면서, 다음 단계를 동시에 준비해야 한다는 말이다. 물론, 퇴사한 이후 모든 시간을 쏟아 부으며 준비한다면 더 빨리 성장할지도 모른다. 하지만 매달 받던 소득원이 사라지면 불안해지고, 오랫동안 지속할 힘이 떨어진다. 앞으로 이 책을 통해 나보다 더 큰 성공을 이루는 분들이 많이 나오기를 바란다. 더 빨리 깨달을수록 더 빨리 부를 이룰 수 있을 것이다.

사람은 생각한 대로
살게 된다

생각대로 살지 않으면, 사는 대로 생각한다

사람은 생각한 대로 살게 된다. 부를 이루고 싶은가? 그렇다면 목표 달성을 위한 4단계를 거쳐라. 부자가 될 확률이 기하급수적으로 올라갈 것이다. 사람들이 부자가 되지 못하는 이유는 대부분 사는 대로 생각하기 때문이다. 이 4단계를 완성하는 데 하루도 걸리지 않는다. 그런데도 사람들은 목표 달성을 위한 4단계를 시작하는 것조차 귀찮아한다. 여러분들은 저자를 한 번 믿고 목표 달성 4단계를 일단 시도해보길 바란다.

부자 목표 달성 4단계

1단계	목표를 적고 사진으로 프린트한다
2단계	목표 기한을 구체적으로 적는다
3단계	목표 달성을 위한 상세한 계획을 세운다
4단계	매일 큰 소리로 읽고 목표를 이뤘을 때 모습 상상한다

1단계로 당신이 벌고 싶은 돈의 액수나 부자가 되었을 때의 목표를 적고 사진으로 프린트해라. 2단계는 그 돈을 언제까지 벌고 싶은지 날짜를 정확히 정해라. 3단계는 목표 액수를 벌기 위한 상세한 계획을 세우고 종이에 적어라. 마지막 4단계로 종이에 적은 것을 매일 큰 소리로 읽고 목표를 이뤘을 때의 모습을 상상해라. 그리고 주위 사람들에게 말해라.

너무 쉽지 않은가? 그런데 대다수 사람은 이렇게 말한다. "그렇게 부자 되기가 쉬우면 누구나 부자가 되게?" 애초 이 생각부터 잘못되었다. 실제로 '목표 달성 4단계'를 실행에 옮긴 사람들은 그렇지 못한 사람들에 비해 부자가 될 확률이 훨씬 더 높아진다.

예를 들어, 본인이 50억 부자가 되어 포르쉐 자동차도 타고, 월세 3,000만 원이 나오는 건물을 갖고 싶다면, 포르쉐 사진이나 월세 3,000만 원이 나오는 건물 사진을 프린트해서 목표 종이에 붙이는 것부터 시작해라. 그리고 그 돈을 10년 뒤까지 계속 벌고 싶다면 지금으로부터 10년 뒤의 날짜를 구체적으로 적어라. 10억을 벌기 위해 부동산 투자를 하고 싶다면, 부동산 투자 방법 중에서도 어떠한 부동산 투자 방법으로 10억을 달성할지를 적어라. 특히 1년 단위로, 6개월 단위로, 매월, 매주, 그리고 하루 단위로 목표를 쪼개는 것이 핵심이다. 아무리 큰 목표라도 쪼개면 쪼갤수록 평범한 사람도 할 수 있는 목표가 되고, 작은 목표를 하나씩 이루다 보면 어느새 큰 목표를 달성할 수 있다. 그리고 종이에 적은 것을 매일 큰 소리로 읽고 목표를 이뤘을 때의 모습을 상상해라. 달성했을 때 날씨까지 상상해도 좋다. 그리고 주변 사람들에게 본인의 목표를 말해라.

매일 목표를 선언하면, 무의식이 강화된다

지나치게 높은 목표가 아닌 이상 이렇게 매일 지속해나간다면 분명히 목표를 이룰 수 있다. 나도 목표 달성 4단계를 통해 목표를 달성하는 경험을 많이 했다. 목표 달성 4단계를 통해 작은 목표들을 세우고 그 목표들을 달성하다 보면 자신감이 생긴다. 이후 좀 더 큰 목표들을 세우고 그 목표들까지 달성하면 차츰 더 큰 목표를 달성할 수 있는 원동력이 생긴다.

혹자는 우주의 기운이 돕는다고 하는데, 그건 어떻게 보면 매일 목표를 만들고 이를 달성하면서 무의식이 강화되는 것이다. 인간의 생각과 행동에 의식이 차지하는 비중은 0.1%에 불과하고 99.9%는 무의식에 따라 행동한다고 한다. 무의식을 좋은 방향으로 나아가게 하기 위해 매일 목표 세우기를 반복하게 되면 당신의 무의식은 변화되고 그 목표는 반드시 이루어질 수밖에 없다.

대학생 시절, 나는 앞에서 말한 그 4단계를 진행했다. 물론 지금도 매일은 아니지만 최대한 하려고 노력한다. 이걸 통해 나는 많은 성과를 이룰 수 있었다. 여러분들도 지금 당장 목표 달성을 위한 4단계를 진행한다면, 나보다 훨씬 더 뛰어난 성과를 얻을 수 있을 것이다.

다음 사진은 내가 대학생 때 했던 목표 달성 4단계 중 마지막 단계 사진이다. 대부분 2014년에 작성한 내용들인데, 결국 대부분의 목표를 이룰 수 있었다.

2016년 3월 25일 · 👥

[내 이름으로 된 건물 소유하기]

* 2020.09 성취

2014년 4월 20일 · 👥

[저가항공으로 세계 여행 다녀오기]
- 2015년 7월 예정, 항공 관련 시설 및 여행지 중점
- 중국-베트남-인도-두바이-이집트-터키-유럽-브라질-우루과이-아르헨티나-볼리비아-콜롬비아-세인트마틴섬-멕시코-미국

*2015.08~2016.02 성취

2014년 4월 20일 · 👥

[책 쓰기]
- 2023.01 성취, 매경출판과 계약

2014년 4월 20일 · 👥

[건강한 몸 만들기: 68kg]

* 2021.07 성취 (64kg, 바디프로필 촬영)

이제 어떤 생각이 드는가? 밑져야 본전인데 지금 당장 한 번 작성
해보는 것은 어떨까? 물론 나 또한 아직 이루지 못한 목표들이 있다.
하지만 목표 달성을 위한 4단계를 진행한다면 조만간 반드시 이루어
질 것이라고 믿는다. 특히, 이렇게 많은 분 앞에서 책을 통해 공표했
으니 꼭 이룰 수 있을 것이다.

John Cho
2014년 4월 20일 · 👥

[특허 3개 이상 등록하기]

2016년 10월 4일 · 👥

[37세까지 포르쉐 911 카레라 오너되기]

분명 이렇게 말해도 지금 한번 해볼까 생각한 사람들 중 80%는 실행에 옮기지 못할 것이다. 마지막으로 이 말은 꼭 하고 싶다. 목표 달성 4단계를 실행에 옮긴 20%는 어느 정도 성과를 이룰 것이라 확신한다. 당신은 20%와 80% 중 어느 쪽이 되겠는가?

부자는 선택이다

내가 우리 집안을 일으켜 세울 것이다!

초등학교 시절, 부모님과 매년 해외여행도 다니고 나름 넉넉하게 지냈다. 하지만 중학교 즈음에는 경제적으로 많이 힘들어진 느낌이었다. 부모님은 티를 내지 않으려고 했지만 종종 다투시기도 했고 아버지 건강도 나빠지셨다. 돈 이야기 및 투자 실패 이야기가 나오는 것을 들으면서, 부모님이 경제적으로 힘들어한다는 것을 느꼈다. 경제적으로 여유가 있을 것으로 생각했던 우리 집안이 무너지는 느낌이었다. 가졌던 것을 빼앗긴 기분이었고 추락하는 기분이었다. 집안이 추락하는 기분은 느껴본 사람은 공감할 것이다. 이때 마음속으로 결심했다. "내가 부자가 되겠다고, 내가 우리 집안을 일으켜 세울 거라고" 적어도 돈 때문에 가족이 불행해지는 것을 막고 싶었다.

특히, 친척 중에 의사이신 분이 있었는데, 어렸을 때의 나는 명절 때마다 친척분께 가서 어떻게 하면 부자가 될 수 있는지 종종 물어봤다고 한다. 학창 시절 기억으로 의사들은 모두 부자라고 생각했기 때문이다.

어쩌면 부모님 덕분에 돈에 대한 결핍이 생겨서, 부자에 대한 갈망이 시작되었던 것 같다. 만약 부자가 되고 싶은데 경제적으로 힘든 상황이라면 현재 상황에 감사해도 좋다. 간절함이 생길 수 있기 때문이다. 현재 당신이 느끼는 결핍 덕분에 나 또한 미친 듯이 절약하고 공부하고 투자할 수 있었다. 결핍은 원동력이다.

부자가 되는 것은 다이어트와 같다

생각해보면 부자는 선택하는 것이다. 부자는 결국 돈이 많은 사람이다. 그러면 돈을 어떻게 하면 많이 가질 수 있을까? 그 전에 다이어트에 대해 생각해보자. 다이어트에 성공하려면 어떻게 해야 할까? 적게 먹고 더 많이 운동하면 된다. 단순하지 않은가? 그런데 다이어트에 성공하는 사람은 얼마나 될까? 소수의 사람만 다이어트에 성공한다. 사람들은 매년 새해가 되면 다이어트를 목표에 두고 성공하겠다고 다짐하지만 매년 실패한다. 그렇게 죽을 때까지 다이어트를 목표로 하지만 다이어트에 성공하는 확률은 낮다.

부자 또한 다이어트에 성공하는 것과 마찬가지로 어려운 일이다. 부자가 되는 가장 대표적인 방법은 저축을 늘리고 소득을 늘려 종잣돈을 모으는 것이다. 이렇게 모은 종잣돈으로 투자나 사업을 한다. 투자나 사업을 성공시켜 소득을 늘리고, 저축을 더 늘려 종잣돈을 더 모은다. 이를 바탕으로 투자나 사업을 반복하면 부자가 된다. 하지만 대부분의 사람들이 다이어트에 실패하듯이, 부자의 초기 단계인 저축 단계조차 성공하지 못한다. 친구들과 끊임없는 약속, 식사 후 커피 한 잔, 지각으로 인한 택시 이용, 할인 상품에 대한 유혹, 명품 구매 등으로 인해 저축할 기회를 놓친다. 그래서 대다수 직장인은 월급을 받으면 신용카드 대금으로 대부분을 써버리는 결과를 초래하고 부자가 되는 길에서 탈락한다.

어쩌면 당연한 결과다. 부자는 소수이기 때문이다. 누구나 부자 되는 것에 성공했다면 부자 되는 것을 갈망하는 사람이 존재할 이유도 없다. 이미 모두가 부자가 되었을 것이기 때문이다.

강제적으로 저축하는 방법 두 가지

만약 본인이 자발적으로 저축하지 못한다면 강제로 하는 방법도 있다. 모바일 뱅킹이 되지 않는 통장을 만든 뒤에 월급이 들어오면 강제적으로 일정 금액을 이체시키는 것이다. 사람은 귀찮은 것을 매우 싫어하기 때문에, 돈을 찾기 위해서 은행에 직접 가야 한다면 최소한 한 번 생각하는 기회가 생긴다. 또는 지인 및 친구들과 저축 챌린지를 하는 것이다. 일정 금액을 챌린지 달성 상금으로 모아놓고, 챌린지에 달성하는 사람들만 나눠 갖는 것이다. 사람은 돈을 잃는 것에 대한 정신적 타격이 크기 때문에, 저축 목표액을 지킬 확률도 올라간다.

지금까지 하지 않았다고 결코 늦은 것은 아니다. 지금은 100세 시대다. 당신이 지금 20세라면 80년이 남았고, 30세라면 70년이 남았고, 40세라고 해도 60년이 남았다. 어떻게 생각하는가? 지금부터라도 부자가 되기 위한 '선택'을 해볼 것인가? 혹은 '이번 생은 망했다'고 자포자기하며 부자가 될 시도조차 '포기'할 것인가? 당신의 선택으로 어쩌면 당신뿐만 아니라 당신의 집안까지 바꿀 수 있다. 이 책을 여기까지 읽고 있다면, 당신은 부자가 될 가능성이 충분히 있는 사람이다. 부자가 되기를 '선택'해보자.

자본주의 게임에 오신
여러분을 환영합니다

이제부터 자본주의 게임을 시작하겠습니다

　대한민국에서 태어났다면, 혹은 대한민국에서 거주하고 있다면, 당신은 자발적이든 비자발적이든 이미 태어난 순간부터 '자본주의 게임'에 참여한 것이다. 자본주의란 '생산수단을 자본으로서 소유한 자본가가 이윤 획득을 위해 생산활동을 하도록 보장하는 사회 경제 체제'를 뜻한다. 즉, 생산수단을 소유한 자본가가 주인공인 것이다. 그렇다면 생산수단이란 무엇일까? 생산수단이란 우리가 노동하지 않고도 돈이 나올 수 있는 수단을 뜻한다. 건물, 토지, 공장 등이다.

　예를 들어보자. 중세시대에 토지를 소유한 귀족이 소작농에게 소작을 주어 땅에서 쌀 10가마가 나왔다고 한다면, 소작농에게는 겨우

생존을 유지할 정도의 1가마를 노동의 대가로 줄 것이다. 그리고 남은 9가마는 자신들이 가져갈 것이다. 10가마를 만드는 데 노동을 들인 것은 소작농뿐인데 말이다. 그럼에도 불구하고 소작하고 싶어 하는 소작농은 매우 많지만, 소작을 지을 수 있는 땅은 그에 비해 적기 때문에 소작농들은 고작 쌀 1가마에도 선뜻 나설 수밖에 없다. 만약 1가마라는 대가에 불만을 가질 경우, 귀족은 그 소작농 대신 당장 다른 소작농에게 소작을 줄 수도 있다. 토지라는 생산 수단은 한정되어 있기 때문이다.

이 원리는 현재까지도 적용된다. 고용주와 피고용자, 그리고 임대인과 임차인이 그 예다. 고용주는 기업이라는 생산 수단을 통해서 현대판 소작농인 피고용자에게 소작을 준다. 임대인은 부동산이라는 생산 수단을 통해서 임차인에게 소작을 준다. 피고용자와 임차인은 근로를 통해 각각 고용주와 임대인에게 노동을 제공해주고 월세를 낸다. 즉, 자본주의인 대한민국에서는 '생산 수단'을 많이 소유한 사람이 최종 승자가 되는 게임이며, 매일매일 등수가 달라진다. 마치 블루마블Blue Marble 게임처럼 말이다.

자본주의 사회의 작동 원리를 닮은 게임처럼

다들 한 번쯤은 블루마블 게임을 해보았을 것이다. 블루마블 게임은 보드게임으로, 2~4인이 주사위를 굴려 도착한 곳의 땅을 사고 건

블루마블 게임

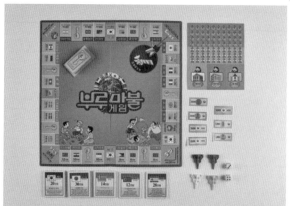

물을 짓는 재산증식형 게임이다. 게임을 한 바퀴 돌면 월급을 받게 된다. 또한 내가 땅을 산 뒤에 땅을 지나가는 사람들에게 통행료를 받는 방법으로 소득을 늘려갈 수 있다. 결국 자산이 많은 사람일수록 점점 더 쉽게 돈을 벌고, 월급만 받고 남의 땅을 지나가기만 하는 사람들은 지출만 할 수밖에 없다. 즉, 블루마블 게임은 자본주의 시스템을 기반으로 만든 게임이며, 땅을 많이 구매한 사람은 천천히 여행하듯 게임을 즐겨도 된다. 반면에 땅을 많이 구매하지 못한 사람은 점점 돈을 다 잃게 되고 그러다 결국에는 파산한다. 이 세상에 설 자리가 없어지는 형국이다.

현실에서도 마찬가지다. 자산을 소유하지 않고 월급만 받아 생활하면 세금, 월세, 병원 등 '통행료'만 내면서 월급을 모두 사용할 것이다. 현실 세계에는 인플레이션까지 존재한다. 즉, 자본주의에서 살아남기 위해서는 열심히 주사위만 굴리면서 월급을 받기만 해서는 안 된다. 매년 상승하는 물가 상승률을 이기기 위해서는 생산 수단인 자산이 필수적인 시대가 되었다.

생산 수단을 어떻게 소유할 수 있을까?

당장 돈을 모으면서 예측된 경로를 벗어나야 한다. 즉, 매일 반복하는 회사 출근과 같은 예측된 경로로 다닐 경우, 생산 수단을 소유하기 힘들다는 것이다. 그래서 생산 수단을 소유하는 방법에 관한 공부를 하면서 돈을 모아야 한다. 생산 수단의 대표적인 3가지는 부동산, 주식 투자 그리고 사업이다.

무엇부터 해야 할지 모르겠다면 우선 책부터 읽자. 혹은 관심 분야 유튜브라도 보자. 이마저도 싫다면 복권이라도 사자. 결론적으로 지금까지 살았던 방식과는 달라져야 한다. 지금 당장 바뀌지 않는다면 내년도 올해와 똑같을 것이다. 매일 같은 패턴을 반복한다면 당신은 블루마블에서 주사위만 굴리면서 '남'들을 위해 임대료를 내는 쳇바퀴만 돌리는 삶을 사는 것과 다름이 없다. 이제 현실판 블루마블에서 주사위를 굴려보자. 자, 행운을 빈다.

PART 2

결국 '이런' 사람이

부자가 됩니다

지금까지 대한민국 부동산은 우상향이었다

부동산 가격은 왜 상승할까?

2024년 현재 기준으로 하락장이니까 부동산은 이제 끝일까? 부동산이 상승하는 이유는 다양하겠지만, 그중에서 대표적인 이유는 화폐량의 증가로 인한 화폐 가치의 하락이다. 화폐의 양은 어떻게 증가할까?

첫 번째는 우리나라의 경우 한국은행이 직접 금융시장에서 채권*을 매입하면 해당 채권의 매입대금이 시중에 공급된다. 이를 양적 완화라고 하고, 국가에서 통화량을 조절하는 방법이다. 양적 완화를 통

---

* 채권이란 중앙 정부 등이 정책 시행이나 사업 수행을 위해 자금을 조달하려고 돈을 빌린 다음 정해진 기한 후에 투자자에게 원금과 함께 이자를 상환하는 채무증서로 증권화된 금융 상품이다.

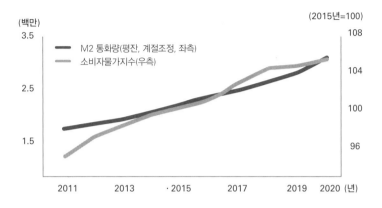

M2 통화량과 소비자물가지수

(백만)   (2015년=100)

— M2 통화량(평잔, 계절조정, 좌측)
— 소비자물가지수(우측)

해 시중에 통화량이 더 늘게 되면, 현금의 가치가 낮아지게 되고 이에 따라서 실물 제품의 가격이 올라간다. 그중 인간이 살아가는 데 있어서 꼭 필요한 부동산의 가격도 상승하는 것이다.

두 번째는 대출이다. 대출, 그중에서도 정부에서 약속한 지급준비율 때문이다. 지급준비율은 은행이 고객으로부터 받은 예금 중에서 중앙은행에 의무적으로 적립해야 하는 비율을 뜻한다. 그래서 은행은 예금, 적금 등으로 일부만 갖고 있으면 나머지 돈은 대출해줄 수 있다.

예를 들어, 지급준비율이 10%이고, A가 은행에 1,000만 원을 예금했다고 가정하자. 1,000만 원 중 10%인 100만 원은 중앙은행에

1,000만 원   BANK   900만 원

1,000만 원 사용 가능   10%   900만 원 사용 가능

지급준비율제도

1,000만 원 ➡ 1,900만 원

적립을 하고, 은행은 1,000만 원 중 900만 원을 대출해줄 수 있다. 이에 따라 B가 900만 원을 대출해간다면 시중에 화폐는 1,000만 원에서 1,900만 원으로 증가하는 것이다.

하지만 1,900만 원에서 끝나는 것이 아니다. B가 900만 원을 대출받은 이후 B가 은행에 900만 원을 예금할 경우 은행에서는 다시 900만 원의 90%인 810만 원을 대출해줄 수 있게 되고, 이렇게 끊임없이 대출로 이어지게 되면 처음에 예금했던 1,000만 원은 1억 원까지 화폐의 증가를 가져올 수 있다. 이렇게 대출로 화폐의 양이 많아진다. 무엇이든지 공급량이 많아지면 가격이 낮아지는 것과 같이, 화폐의 양이 많아지면 화폐의 가치는 내려가는 것이다.

가끔 아버지는 아버지가 어렸을 때 짜장면이 200원이었다고 말씀하시곤 한다. 최근에 짜장면 가격은 1만 원이 넘었다. 과거 대비 짜장면의 재료가 매우 고급화되어서 1만 원이 넘는 가격이 되었을까? 아니다. 화폐의 양이 많아져서 물가가 상승한 것이다. 부동산도 같은 원리다. 기본적으로 화폐의 양이 많아져서 물가가 상승하듯이, 아파트를 구성하는 토지, 철근, 시멘트, 인건비 등의 가격이 상승하기 때문이다. 만약 지금의 아파트 가격이 너무 비싸고, 앞으로 가격이 아주 많이 하락해야 한다고 주장하는 분들이 있다면, 자신들의 월급이 아주 많이 하락해야 일어날 수 있는 일임을 인지하고 있어야 한다. 결국 장기적으로 대한민국 부동산 가격은 우상향일 수밖에 없는 이유다.

수요가 존재해야 부동산 가격이 상승한다

모든 부동산은 시간이 지나면 가격이 오를까? 안타깝게도 그렇지 않다. 화폐량 외에도 중요한 것이 수요다. 화폐의 가치가 계속 하락한다고 해서 모든 물건이 상승하는 게 아니다. 일정 수준 이상의 수요가 있어야 한다. 한 예로, 전북 익산의 어느 아파트의 경우 2023년 13평 기준으로 630만 원에 거래가 되었다. 수요가 없는 곳이기에 가격이 낮을 수밖에 없다. 수요가 항상 일정 수준 이상 존재하는 부동산만이 가격이 상승한다는 것이다. 수도권 아파트, 건물, 상가 등은 항상 수요가 일정 수준 이상 존재하는 부동산이다. 이와 같이 우리는 물가 상승으로부터 우리의 돈을 보호하기 위해 수요가 존재하는 좋은 입지의 부동산을 사야 한다.

그렇다면 2022년 하반기부터 하락장은 왜 시작되었을까? 급격히 하락한 이유 중 하나는 정부의 통화 정책 때문이다. 코로나 여파로 시중에 돈을 많이 풀어 화폐량이 급격히 증가했고 이로 인해 물가와 더불어, 부동산 가격도 많이 상승했다. 따라서 실물인 부동산의 가격 또한 많이 올랐고, 각국의 정부는 물가를 잡기 위해 돈의 가치인, 금리를 급격히 올리면서 시중의 통화량을 낮추는 노력을 하게 되었다.

금리와 경제 성장률 간의 관계

2024년 2월 기준 미국 기준 금리는 5.5%이고 한국은 3.5%이다. 이런 높은 금리를 계속해서 유지할 수 있을까? 아니다. 금리와 경제 성장률 간의 관계는, 강아지와 주인이 산책하는 것과 비슷하다. 강아지와 산책하러 나가면, 강아지는 기분이 좋아서 이곳저곳을 돌아다닌다. 하지만 강아지에게도 일정한 규칙이 있다. 멀어졌다 싶으면 다시 주인에게 돌아오고, 또 멀어졌다가 다시 주인에게 돌아온다. 금리와 경제 성장률 또한 마찬가지다. 금리는 경제 성장률을 중심으로 움직인다.

금리 = 경제 성장률 + 물가 상승률

금리는 경제 성장률과 물가 상승률을 더한 것이라고 볼 수 있다.

예를 들어, 경제 성장률이 1%이고, 물가 상승률이 2%라면 금리는 3%가 된다. 만약 경제 성장률은 1% 그대로이지만, 물가 상승률이 3%로 올라간다면 금리는 4%가 된다. 물론 딱 이렇게 공식처럼 움직이는 것은 아니다. 하지만 강아지가 주인을 중심으로 산책하러 다니듯, 금리 또한 경제 성장률을 중심으로 움직인다.

2023년 기준 물가가 높은 상황으로, 물가를 잡기 위해 금리 인상을 단행했었다. 하지만 금리 인상으로 인해 경제 성장률이 낮아져 경기 침체가 오게 된다면, 경제를 회복시키기 위해서 금리 인하를 단행할 수밖에 없다. 더불어 2023년 기준 물가가 높은 상황이지만, 물가는 전년 대비를 기준으로 한 통계지표이기에 2024년에는 큰 이변이 없는 이상 물가 지표가 떨어질 수밖에 없다. 전년도 물가를 기준으로 올해 물가를 측정하기 때문이다. 이는 곧 금리 인하를 단행할 수 있는 근거가 된다. 금리가 낮아진다는 것은 돈의 가치가 하락한다는 것이고, 돈의 가치가 하락하면 실물인 부동산은 다시 상승할 수 있는 동력이 생기는 것이다. 다만, 과거의 추이를 봤을 때 경제가 얼마나 버텨주느냐에 따라 부동산을 포함한 자산 가격의 방향이 결정될 것 같다. 경제 체력이 좋다면 2022년도부터 지속된 고금리를 버틸 수 있지만, 경제 체력이 좋지 않다면 지속되었던 고금리로 인해서 자산 가격이 한 번 더 폭락할 수 있기 때문이다.

선진국의 경제 성장률

선진국의 경제 성장률은 대체로 낮다. 이미 경제가 많이 성장했기 때문에 더 이상 많이 성장하기는 힘들다. 이미 돈을 벌 수 있는 사업들은 누군가 다 하고 있고, 새로운 분야가 많이 생기기 힘들 뿐 아니라 생기더라도 경쟁이 심해서 수익이 많지 않다. 그래서 사람들은 적극적으로 돈을 빌려 투자하려 하지 않고, 이로 인해 금리가 낮게 유지된다. 선진국인 우리나라 또한 마찬가지다.

한국은행, 국제통화기금IMF, 경제협력개발기구OECD 등 각 경제단체는 우리나라의 2024년도 경제 성장률 전망치를 2% 초반대로 보고 있다. 결론적으로 우리나라의 경제 성장률은 앞으로 낮은 성장률을 유지할 수밖에 없으며, 물가 상승률은 고금리로 인해 조만간 잡힐 수밖에 없다. 따라서 금리가 낮아지면 수요가 존재하는 부동산은 반드시 우상향할 것이다.

투자하는 데
용기는 필요 없다

투자를 하는 데 왜 '용기'가 필요하나요?

사람들은 보통 투자할 때 용기가 있어야 한다고 생각한다. 즉, 투자에 대한 두려움을 극복하기 위해서 용기가 필요하다는 말이다. 불확실한 요소가 제거되지 않았기에 두려움이 생기고, 두려움을 극복하기 위해 용기가 필요하다는 것이다. 투자를 하는 데 용기는 필요 없다. 투자하는 데 필요한 것은 확신이다. 확신을 위해 불확실한 요소를 제거하면 된다.

그런데 투자하는 데 왜 두려움이 생길까? 그만큼 준비가 되지 않았기 때문이다. 투자하는 데 두려움이 생긴다면 용기로 극복할 것이 아니라, 투자에 대해서 확신이 들 때까지 공부하면서 기다려야 한다.

자칫 용기라는 탈을 쓴 무모함으로 투자를 잘못할 경우 투자 실패로 이어지게 될 수 있고, 이로 인해 오히려 투자에 대한 더 큰 두려움이 생길지도 모른다.

어떻게 두려움 없이 투자를 할 수 있을까?

두려움이 없어질 때까지 실력을 갖추면 된다. 내가 20대인 2020년 처음 투자를 시작했을 때, 첫 번째 투자 물건은 5억 원이 넘는 금액의 물건이었다. 투자금이 많지 않았기에 담보대출과 신용대출을 받았고, 임차인 분의 보증금도 받으니 1,000만 원도 안 되는 소액으로 투자를 할 수 있었다.

다른 사람들이 생각할 때 5억 원이 넘는 부동산에, 1,000만 원도 안 되는 돈으로 투자했다고 하면 어떻게 용기를 냈는지 궁금할 수도 있다. 하지만 해당 물건을 투자하는 데 용기는 필요 없었다. 용기보다는 확신이 있었기 때문이다. 이미 부동산 책과 강의를 통해 부동산에 대한 지식을 쌓은 상태였고, 부동산 네트워크를 통해 빠른 정보를 습득할 수 있었다. 특히, 부동산 서열 분석, 주변 시세 분석, 경매 입찰 결과 등의 데이터 분석을 통해서 확신을 가진 상태였다.

결론적으로 약 5억 원에 매수했던 투자 물건은 최고 약 10억 원까지 올라갔지만, 부동산 하락장으로 약 8억 원까지 떨어졌다. 하지만 투자금 1,000만 원으로 3년 안에 약 3억 원의 차익을 낼 수 있었다.

만약 투자하는 데 두려움이 생긴다면 투자하기 위해 스스로 용기를 불어넣을 것이 아니라, 투자에 대한 확신이 들 때까지 기다리는 것이 낫다. 투자하지 않는 것도 투자이기 때문이다. 대신에 책을 읽고, 강의를 듣고, 사람들과 네트워킹하며 분석하다 보면 확신이 들 것이다. 그렇게 이어지는 확신 이후의 투자는 너무나도 자연스러운 행동이다.

내 주변 사람 5명의 평균이
나의 수준이다

사람들은 대개 본인과 비슷한 사람들과 어울려 지내려는 특징이 있다. 흔히들 말하는 끌어당김의 법칙*과도 비슷한 말이다. 내가 부자가 되기 위해 이리저리 알아보면서 노력하면, 주위에 같은 생각을 가진 부자가 되려는 사람들이 모인다. 나아가서는 실제로 부자가 된 사람들을 만나서 그들의 노하우를 배울 수 있고, 목표를 향해 노력하는 모습을 직접 보면서, 자신도 부자가 될 가능성이 커진다.

반대로 매사에 부정적인 사람들 곁에는 부정적인 사람들이 모인다. 다니고 있는 회사나 우리나라 사회에 대해서 항상 불평불만을 하는 사람들 곁에는 비슷한 사람들이 모인다. 그렇게 모인 사람들은 본

---

* 본인이 어떤 생각을 함에 따라서 그 에너지가 반드시 본인에게 찾아온다는 논리

인들이 잘못된 방향으로 가고 있는지도 모른 채 계속 살아간다. 운이 좋게 빠져나온다고 해도 뒤늦게 후회하는 경우가 대다수다. 만약 당신이 그런 사람들 집단에 있는데 방법을 찾고 싶다면 다음 세 가지 방법을 시도해보라. 분명히 달라질 것이다.

책을 읽어라

아무런 투자 경험이 없다면, 일단 부동산 관련 책을 읽자. 책 가격이 보통 2만 원 이하라는 것을 감안할 때 책을 구매해서 읽는 것은 매우 가성비가 높은 방법이다. 직접 만날 수 없는 위인들이나 엄청난 강의료를 지불해야 만나볼 수 있는 대가들을, 간접적으로나마 접할 수 있는 것은 책이다. 책을 집필한다는 것은 해당 분야에서 이미 경험을 했던 사람들이 자신의 경험을 압축해서 노하우를 전달해주는 것이다. 책 한 권으로 모든 노하우를 전달하기에는 힘든 부분이 있겠지만, 해당 분야에 대한 지식을 가장 압축적으로 담아낼 수 있는 효과적인 방법이다.

만약 1년 동안 책 100권을 읽었다면, 100명의 사람을 만났다고 할 수 있다. 그만큼 당신의 생각은 커졌을 것이다. 그리고 책 덕분에 자연스럽게 당신의 주변 사람들도 바뀌었을 것이다. 하지만 대부분의 사람들은 책을 읽지 않으며, 그 이유는 한 마디로 생각하기 싫기 때문이다. 타인의 생각에 지배당하며, 암기식 삶에 익숙해진 대다수의 사람들은 굳이 독서를 하며 생각할 필요성을 느끼지 못한다.

강의를 들어라

단기간 내에 가장 빠르게 해당 분야에서 성장하는 방법은 유료 강의를 듣는 것이다. 강의는 현재 최신 정보와 실제 사례들을 업데이트해서 알려주고, 책은 이해하기 힘들었던 부분들을 구체적으로 쉽게 설명해준다. 물론 요즘은 마음먹으면 무료 특강도 들을 수 있고, 유튜브, 책 등을 통해서 정보를 습득할 수 있다. 하지만 실제로 도움이 되는 핵심적인 내용은 무료가 아닌 돈을 지불해야 들을 수 있다. 또 강의료 지불을 기꺼이 감수하고 실제로 도움이 되는 강의를 들었다 하더라도, 지금까지 살아왔던 방식을 모두 바꾸고 실행하기는 어려운 일이다. 따라서 빠른 성장을 하고자 마음먹었다면 필요하다고 생각하는 강의를 선별해서 듣고 이를 바로 행동에 옮겨야 한다.

해당 분야의 초보라면, 최고급 전문가가 가르쳐주는 것과 준전문가가 가르쳐주는 것의 차이를 크게 느끼지 못할 것이다. 예를 들어, 축구를 처음 배운다면 국가대표 선수가 가르쳐주는 것과 동네 축구학교에서 가르쳐주는 것의 수준 차이를 크게 느낄 수 있을까? 그렇지 않다. 따라서 초보자라면 고가의 강의보다는 저가의 강의를 먼저 들어보는 것이 낫다.

특히, 지나친 욕심으로 한 번에 여러 개의 강의를 듣지 말고, 한 번에 하나의 강의만 신청하는 것이 좋으며, 딱 하나만 배운다는 생각으로 수업을 듣는 것을 추천한다. 처음 부동산 투자를 한다고 하면, 아파트 투자 방법도 배우고 싶고 상가 투자 방법도 배우고 싶고 모든 것을 흡수하고 싶은 조급한 마음이 생긴다. 그리고 강의를 듣고 나면 뿌듯한 마음에 한 번에 엄청난 성장을 하기를 기대한다. 그 마음 잘 안다. 하지만 급한 마음을 조금 내려놓고 공부하고 투자하다 보면 과거에 비해서 엄청난 성장을 한 자신을 마주하게 될 것이다.

커뮤니티에 가입해라

'빨리 가려면 혼자 가고, 멀리 가려면 함께 가라'라는 말이 있다. 부동산에 관심을 가진 사람들과 함께 커뮤니티를 이어 나간다면, 서로 정보 및 경험담을 공유할 수 있을 뿐만 아니라, 부동산 투자에 대한 끈을 놓지 않고 유지할 수 있는 원동력이 된다. 다만, 모임의 구성원이 어떤 사람들인지는 굉장히 중요한 요소다.

나 또한 5년이 넘게 부동산 공부하면서 다양한 부동산 모임을 유지하고 있다. 함께 부동산 정보들을 공유하고, 모르는 내용이 나왔을 때 서로 도움을 주고받고 공부하면서 모임을 유지하고 있다. 가끔은 직접 만나서 부동산에 관한 이야기를 하고 새벽이 될 때까지도 수다를 떤다. 첫 투자였던 서울시 송파구의 지식산업센터에 투자할 때도 커뮤니티에서 만났던 분을 통해 도움을 받았다.

특히 부동산 투자를 위해 첫 강의를 듣는 경우, '그 분은 강사니까 잘하는 것이고, 나는 투자에 대한 소질이 없는 사람이구나'라며 투자에 대한 확신이 들지 않을 때가 있다. 하지만 강의를 들으면서 스터디 모임 등 커뮤니티에서 활동하다 보면, 같은 수강생 중에서 성과가 나오는 사람들을 접하게 되고 이를 통해 부동산 투자에 익숙해진다. 그런 수강생들을 보면서 '나 또한 할 수 있다'라는 자신감이 생기고 그것이 투자로 이어지는 것이다. 따라서 강의를 수강하는 사람들끼리 커뮤니티를 통해 관계를 유지하는 것을 적극 추천한다.

학창 시절에 부모님은 친구를 가려 사귀라고 말씀하시곤 했다. 지금 생각해보니 맞는 말씀이었다. 친구들의 평균이 바로 당신이기 때문이다. 만약 당신이 자주 어울리는 사람이 빌게이츠, 제프 베이조스, 마크 저커버그, 일론 머스크, 워런 버핏이라면 여러분은 지금 돈 걱정을 하고 있지는 않을 것이다.

요즘 가장 가까이 지내는 사람들 5명을 다시 한번 떠올려보자. 누가 먼저 떠오르는가? 그들이 당신의 기준에서 충분히 훌륭한 사람이라면 이미 당신은 성공할 가능성이 충분한 사람이다. 하지만 그렇지 않다면 당신의 성장을 위해 새로운 사람들을 만나는 걸 시도해보자. 눈덩이가 처음에는 작지만 굴리다 보면 커지듯이, 새로운 사람들을 만나다 보면 본인도 모르는 사이에 더 커진 '눈덩이'가 되어 있는 자신을 만날 수 있을 것이다.

바빠서 투자 공부할 시간이
없다고요?

현대인들은 정말 바쁘게 시간을 보낸다. 하지만 정작 본인의 하루 일과나 더 나아가 작년에 이룬 성과들을 되돌아보면 정작 이룬 것 없이 입으로만 바빴다는 생각이 들 것이다. "시간이 없어서 부동산 투자 공부할 시간이 없다"는 이야기만 늘어놓는 것이다. 시간이 없다는 말은 정말 핑계에 불과하다. 계획을 세워서 나의 시간은 내가 완벽히 지배하자. 중요한 일을 미리 정해두면 시간은 절대로 부족하지 않다.

대개 시간이 없다고 하는 사람들의 특징은 계획 없이 그저 하루를 살아가기 바쁘다는 것이다. 대부분의 사람은 아침에 눈을 뜨면 출근을 준비하고, 회사에서는 일을 하고 집에 돌아와서 저녁을 먹고, 스마트폰을 들여다보면서 동시에 넷플릭스나 유튜브를 보다가 잠이 든다. 누구에게나 똑같이 24시간이 주어지는데 왜 사람들의 성과는 천

차만별일까?

주위의 성공한 사람들을 관찰해보면 대부분 플래너를 작성하는 습관을 갖고 있다. 나 또한 플래너를 통해서 6개월 목표와 매일 하루 목표를 적는 습관을 갖고 있다. 이렇게 플래너를 통해 먼저 해야 할 일들을 정리하면, '어떤 것들을 해야 할지' 잊어버리는 것을 방지하고 우선순위를 정할 수 있으며 소요 시간을 예측할 수 있다.

잊어버리는 것을 방지한다

인간은 망각 시스템을 갖고 있다. 인간의 뇌는 외장 하드처럼 용량을 늘릴 수 없으므로, 뇌 용량을 잘 사용하려면 과거의 정보들을 삭제해야 한다. 삭제되는 과거의 정보 중에는 안 좋은 기억들도 있지만 정말 중요한 아이디어도 있다. 따라서 망각 시스템 때문에 중요한 아이디어를 잊어버리는 불상사를 방지하기 위해 우리는 '적는' 행위를 한다.

가끔 자다가 혹은 샤워하다가 문뜩 떠오르는 아이디어가 있다. '뭐 조금 이따 기록하면 되지' 하면서 넘어가지만 샤워가 끝나고 욕실을 나가는 순간 떠올랐던 아이디어를 기억 못한다. 이 정도는 기억할 수 있을 거라고 확신했지만 어김없이 기억에서 지워지는 경험을 모두 해봤을 것이다. 그래서 나는 핸드폰에 메모장 단축키를 설정해서 생각날 때 바로 적거나, 항상 들고 다니는 플래너에 어떤 경우든 바로 적는 습관을 갖고 있다.

　이렇게 적는 습관을 가지고 있으면, 좋은 아이디어가 떠오를 때 놓치는 확률을 낮출 수 있고, 해야 할 일을 잊어버리는 것을 방지할 수 있다. 매번 '뭐였지?', '오늘 해야 할 일이 있었는데 기억이 안 나네' 하며 기억을 떠올리는 데 시간을 낭비하지 말자.

우선순위를 정한다

　해야 할 일들을 종이에 적으면 그 일들이 시각화되면서 중요도를 파악하는 것이 용이해진다. 적기 전에는 시각화가 되지 않았기 때문에 형체가 없다. 우리의 뇌는 눈에 보이지 않는 것을 정리하는 데 서투르기 때문이다. 우리의 뇌는 눈에 보이는 것을 정리하는 데 탁월하다. 그래서 해야 할 일들을 일단 적으면 일을 하는 데 우선순위가 파악된다.

　특히 오늘 해야 할 일을 종이에 적으면 사람들은 자연스럽게 생각하게 된다. 적으면서 한 번 더 생각하면 전혀 다른 결과가 펼쳐진다. 관련해서 더 좋은 생각이 떠오르기도 하고, 적기 전에는 중요하다고 생각했던 일이 아주 사소한 일이 되기도 한다. 적는 행위는 오늘 하루의 밀도를 높이는 중요한 방법이며 이렇게 하루하루가 쌓이면 전혀 다른 미래가 만들어진다.

소요 시간을 예측한다

나의 경우 하루를 알차게 살고 싶은 욕심이 많아서 많은 일을 계획하곤 한다. 플래너에 오늘 할 일들을 적다 보면 하루에 다 할 수 없는 벅찬 일정들로 채워지게 된다. 이렇게 벅찬 일정을 매일 소화하다 보면 지칠 수 있고, 하루에 해야 할 일들을 다 하지 못하는 날들이 지속되면 본인에 대한 실망감이 생기기도 한다.

따라서 소요 시간을 예측하는 일이 중요하다. 적는 습관과 적은 것을 실천하는 습관을 반복하게 되면 소요 시간을 예측할 수 있다. 예를 들어, 블로그 포스팅하는 데 1시간, 운동하는 데 2시간, 책을 읽는 데 30분 등 시간을 예측하는 것이다. 이렇게 되면 목표 시간을 너무 적게 설정하거나 너무 많이 설정하는 실수를 줄이고 시간을 효율적으로 사용할 수 있다.

어떤가? 여전히 부동산 투자 공부를 하거나 자기 계발하는 데 시간이 부족한가? 지금 당장 오늘 해야 할 일을 몇 개라도 적어보자. 오늘 해야 할 일을 모두 적었다면 자신감이 생길 것이고, 매일매일 해야 할 일들을 정하고 해치우다 보면 오늘보다 더 나은 내일을 올해보다 더 나은 내년을 만들 수 있다.

당신의 '돈그릇'은
얼마입니까?

그릇마다 무엇인가를 담을 수 있는 양이 다르다

큰 그릇일수록 많은 음식을 담을 수 있고, 작은 그릇이라면 적은 양의 음식이 담긴다. 투자하다 보니 사람마다 '돈 그릇'이 다르다는 것을 알 수 있다. 부동산 자산만 최대 60억 원 정도를 운영했는데, 큰 문제가 없었던 것을 보니 내 돈 그릇은 60억 원까지는 되는 것 같다. 어떤 사람은 이렇게 생각할 수 있다. "부동산 투자해서, 월세 받는데 뭐가 힘들어?" 물론 어느 정도는 맞는 말이다. 하지만 부동산 자산을 운용하는 데에도 돈 그릇이 존재한다. 보통 임차인, 중개사, 은행 대출 담당자, 세무사, 관리단 등 다양한 관계자분들과 만나 부동산 임대와 투자를 진행한다. 나의 경우 앞으로 부동산 매도 1건, 대환 대출

3건, 입주 등기를 위한 담보대출 등을 동시에 진행할 예정이라 생각보다 신경 쓸 것이 많은 상태다.

진행될 일을 앞두고 있을 경우 여유가 있어야 한다. 물론, 노력은 해야 한다. 임차인을 구할 때 네이버 부동산에 딱 하나 올려놓고 임차인을 구하는 것보다 해당 물건 인근 부동산 사장님들을 자주 찾아뵈며 이야기를 해놓으면 임차인을 구하는 확률이 더 올라갈 수밖에 없다. 노력은 해야 한다는 말이다. 그렇다고 너무 조급한 마음을 갖고 월세를 너무 싸게 내놓거나, 기존 임차인 월세를 올리기 위해서 임차인을 계속 압박하는 것은 좋지 않다. 이 경우 오히려 안 좋은 결과를 가져올 수 있기 때문이다.

돈 그릇은 본인의 노력에 따라 커진다

첫 물건에 투자한 이후 임차인이 첫 임대료를 지급 날짜에 입금하지 않았던 경험이 있다. 중개사를 통해 연락을 드렸지만 3일이 지나도 임대료가 지급되지 않았다. 그래서 바로 임대료 지연에 대한 내용증명*을 보냈다. 당시 내 돈 그릇이 작아서 발생한 일로 지금 생각하면 너무 서투른 행동이었다. 지금도 생각하면 아찔하고 죄송스럽다.

요즘에는 임대료 입금이 조금 늦어지면 임차인께 "안녕하세요, 대

---

* 우체국에서 우편물의 내용을 서면으로 증명해주는 제도. 발신자가 우편물의 기재 내용을 소송상의 증거 자료로 삼으려고 할 때 이용된다.

표님, 이번 달 임대료 자동이체가 풀린 것 같은데 시간 괜찮으실 때 확인 부탁드립니다." 이렇게 보내곤 한다. 임차인의 생일이나 연말에는 소고기나 과일 선물 세트를 보내기도 한다.

생각해보면 임대 사업이라는 것은 임차인과 임대인이 하나의 팀이 되어서 경기를 하는 것이다. 팀이라는 것은 함께 잘 되어야 하는 것이다. 임대인과 임차인 모두 함께 잘 되어야 각각 개별적으로도 잘 될 수 있다. 임대인과 임차인이 서로 다른 방향을 보고 있다면, 혹은 본인의 이익만 생각한다면 하나의 팀이 되어 좋은 결과를 얻을 수 없을 것이다. 그래서 임차인이 사업을 하면서 건물 때문에 고민이 없도록 최대한 많이 도와드리는 편이다. 임대료도 시세보다는 조금이라도 낮게 받으려고 항상 노력한다.

생각해보니 투자하면서 돈 그릇이 커지는 경험을 한다. 과거에는 백만 원 단위도 손해가 나면 무서워하곤 했는데, 최근에는 미납 관리비, 철거비용 등 부수비용만 몇 천만 원이 넘어가도 투자라고 생각하고 담담하게 진행하고 있다. 과거에 비해 많이 성장했다고 생각하지만 그럴수록 더 꼼꼼히 챙겨보고 조심스럽게 행동하는 것도 잊지 않는다.

당신의 '돈 그릇'은 얼마인가?

아직 투자하지 않거나 사업을 하지 않은 사회초년생들이라면 아직 본인의 돈 그릇 크기를 잘 모르는 것이 당연하다. 하지만 투자하면서 본인의 돈 그릇에 대해 생각하는 것은 중요하다. 돈 그릇을 무작정 키우는 것이 좋은 것은 아니다. 다만 본인의 그릇에 천천히 담아내는 것이 중요하다. 자칫 너무 많은 양의 음식을 먹으려고 자기가 가진 그릇의 크기보다 더 많은 양을 담으면 넘칠 수 있기 때문이다. 한 숟가락 한 숟가락 천천히 담아도 늦지 않다.

50억 자산을 이루고 나면 일상이 어떻게 달라지나요?

종종 질문을 받는 내용이다. 결론적으로 크게 달라지는 것은 없다. 너무 허탈한가? 50억 자산 정도 모았다면 이제는 일도 안 하고 집에서 쉬면서 해외여행 다니기만 하는 인생일 거라고 생각했다면, 미안하지만 그렇지는 못하다. 만약, 누군가로부터 한번에 50억 자산을 받았다면 일도 하지 않고 놀러만 다녔을 수도 있다. 노력 없이 주어진 돈이라면 그만큼 쉽게 사용할 수 있기 때문이다. 하지만 하루하루 열심히 일하고 절약과 투자를 통해 이룬 간절한 결과라 그런지 돈을 쉽게 사용하기는 어렵다. 그래서 인생이 크게 달라지지도 않았다.

비유하자면 운동하는 것과 비슷하다. 한창 인생의 로망이었던, 보디 프로필을 찍기 위해 준비하던 때였다. 매일매일 닭 가슴살과 달걀을 먹으며 운동을 꾸준히 하니 보디 프로필을 찍는 데 성공할 수 있었다. 그런데 매일매일 나를 지켜보던 아내는 나의 몸 상태에 대해 조금씩 살이 빠졌을 뿐 놀라거나 대단한 일이라고 생각하지 않았다. 매일 보는 나의 모습이 와이프에게는 익숙한 일상이었기 때문이다. 하지만 오랜만에 본 지인들은 달라진 나의 모습을 보고 대단하다고 칭찬을 해준다.

자산을 모은다는 것은 보디 프로필을 준비하는 것과 비슷한 것 같다. 매일매일 조금씩 성장하고 있지만 크게 눈에 띄지 않는다. 다이어트에 성공하면 자신감이 생기고 옷맵시가 달라진다. 하지만 한 번에 바뀐 것이 아니라 서서히 바뀌었기 때문에 그 생활에 익숙해지고 일상이 되어간다. 자산을 조금씩 늘려가는 것 또한 마찬가지다. 하루하루 열심히 살다 보니 모인 자산이기 때문에 그저 일상에 불과한 것이다. 물론 50억 자산을 쌓아보니 좋은 점도 있다. 혹시 모를 불행으로부터 지켜줄 안전망이 생겼다는 것이다. 돈은 예상하지 못한 불행의 순간에도 일상으로 금방 돌아올 수 있는 회복력을 만들어준다.

우리나라 거시경제를 보게 된다

자산이 더 커질수록 우리나라 경제 상황에 대해 더 걱정하는 경향이 생긴다. 자산이 5억 원 정도 되었을 때는 우리나라 경제에 대해서 크게 걱정하지 않았다. 스스로 투자하기에 바빴지 경제에 대해서까지 걱정할 여유가 없었다. 하지만 자산이 커지면 커질수록 우리나라 경제 변동에 의해 더 큰 영향을 받기 때문에 자연스럽게 경제에 관심을 더 두게 된다. 예를 들어, 국내 경제 상황으로 인해 5억 원과 50억 원 부동산이 10%씩 영향을 받는다고 해보자. 각각 5,000만 원과 5억 원씩 영향을 받는다. 이 차이는 작지 않다. 물론, 부동산 종류와 특성마다 다르기 때문에 모두가 동일하게 10%씩 영향을 받지는 않겠지만, 자산 규모가 커질수록 더 큰 영향을 받는 것은 사실이다. 따라서 자산을 어느 정도 소유하게 되면 우리나라 거시경제에 대해 자연스럽게 더 공부할 수밖에 없다.

뿐만 아니라 달러에 대해서 관심이 많이 생겼다. 우리나라는 2022년 기준 세계 GDP 순위에서 13위를 기록했다. 전 세계에 200여 개의 국가가 있는 점을 고려하면 매우 높은 순위의 경제력이다. 하지만 우리나라의 원화는 기축통화가 아니고, 따라서 우리나라는 수출의 존도가 높은 나라이기에 세계 경제에 크게 영향을 받는다. 원화의 가치는 변동이 심하다는 것을 인식하게 되면 이런 리스크를 분산시키기 위해서 달러에 관심을 갖게 된다. 그래서 미국 부동산 매수를 위해 공부를 했지만 미국에서 인정되는 소득이 없어서 당장은 투자하지 못했다. 장기적으로 미국 부동산 투자를 통해, 달러 자산을 보유할 계획을 세우고 있다.

50억 자산이라는 것은 숫자에 불과하다

사실 이렇게 책을 집필하기 전까지 나의 자산을 계산해본 적이 없었다. 부동산을 매도할 때나 혹은 연말에 자산을 평가할 때나 작성하지 평소에 내 자산이 얼마인가를 생각할 일은 없다. 자산은 모아가는 것이기 때문이다. 하락장으로 자산의 규모가 축소되는 것도 크게 두렵지 않았다. 오히려 좋은 기회라고 생각했다.

현재는 부동산 하락장으로 부동산 상급지와 중하급지 자산의 격차가 줄어들었다. 중하급지 부동산을 싸게 팔더라도 상급지 부동산을 더 싸게 매수한다면 오히려 좋은 투자가 될 수 있다. 예를 들어, 상급지의 아파트가 20억 원이라고 가정하고, 중하급지인 아파트가 10억 원이라고 해보자. 이번 하락장으로 똑같이 20%씩 하락했다고 한다면, 상급지 아파트는 4억 원이 하락한 16억 원, 중하급지 아파트는 2억 원이 하락한 8억 원이 된다. 재밌는 점은 기존에 각각 20억 원과 10억 원일 때는 격차가 10억 원이었지만, 하락장이 오면 각각 16억 원과 8억 원으로, 그 격차는 8억 원으로 줄어든다.

그래서 하락장이 오히려 기회라는 말을 하는 것이다. 나의 경우 소유하고 있는 부동산들은 매수했을 때보다 결과적으로는 상승했다. 하지만 매입한 금액보다 더 하락한 경우라도 상급지 부동산이 과거에 비해 더 하락했다면, 손해를 감수하고 갈아타는 것도 좋은 선택일 수 있다는 말이다.

월급이 250만 원이라면 이미 10억 원 자산가

사회초년생의 경우 월급이 적어서 언제 자산을 모을 수 있나 고민이 되는 사람들이 많을 것이다. 하지만 천천히 나아가도 괜찮다. 하루하루 절약하며 소득을 늘리는 방법을 더 찾아보고 투자공부를 한다면 어느새 본인도 모르는 사이에 큰 자산을 이룰 수 있을 것이다. 때로는 인스타그램이나 유튜브를 보면서 조급한 마음이 들 수도 있다.

하지만 괜찮다. 만약 본인의 월급이 250만 원이라면 연 3,000만 원의 수익을 벌 수 있는 자산이다. 예금금리를 3%라고 가정할 경우 10억을 예금했을 때 나오는 돈의 양이다. 이미 본인은 10억 자산가인 셈이다. 걱정하지 말고 조급해하지 말고 하루하루 성실히 살아보자. 딱 1년 만이라도 투자에 공을 들여보자. 분명히 1년 뒤에는 달라진 본인의 모습과 만날 수 있을 것이다.

PART 3

시드머니 모으기
불변의 법칙

저축에는 '목표'
소비에는 '예산'

짠테크의 시작

'짠테크'란 '짜다'와 '재테크'의 합성어로, 소비를 줄여서 모든 돈으로 자산을 불리는 재테크 방식을 말한다. 50억 원의 자산을 이룬 지금도, 항상 물건을 구매하기 전에 나에게 세 가지 질문을 한다. "정말 나에게 없으면 안 되는 걸까?", "구매하기 위한 예산이 있나?", "집에 대체재는 없나?" 정말 필요한지, 살 돈은 있는지, 그리고 집에 대신 사용할 수 있는 물건은 있는지 확인한 후 정말 필요하다고 해도 살 돈이 없다면 구매하지 않는다. 정말 필요한 물건이고 살 돈도 있지만, 집에 대체재가 있다면 구매하지 않는다.

이러한 구매 습관은 신입사원 시절부터 시작되었다. 신입사원 시절에 나의 최우선 목표는 내 집 마련이었다. 그래서 내 집 마련을 목표로 한 종잣돈 1억 원을 모으기 위해 월급의 80%는 먼저 저축했다. 은행 앱을 켰을 때 돈이 많아 보이면 소비 욕구를 자극할 수 있을 것 같아서, 월 생활비를 제외하고 나머지 금액은 다른 은행 통장에 이체시켜 놨다. 이렇게 돈 모으는 것을 우선순위에 두면 자동으로 돈이 모인다.

월급의 20%로 생활해야 하니 이 세 가지 질문을 하지 않으면 안 되는 상황이었다. 신입사원 시절이던 2018년 당시 월급은 약 260만 원이었다. 80%인 약 210만 원은 저축하고, 20%인 약 50만 원으로 생활했다. 이렇게 짠테크가 시작되었다.

이렇게 신입사원 때부터 월급의 80%를 모았다고 하니까 내가 원래부터 짠테크를 잘하는 사람이었다고 생각할 수 있을 것 같다. 대학생 때의 나는 월 100만 원 정도를 소비했을 정도로 짠테크와는 거리가 멀었다. 아르바이트, 부모님 용돈, 친지 용돈 등 다양한 주머니에서 받은 돈을 모두 써버렸던 시절이었다. 누구보다 소비할 때의 기쁨을 잘 안다. 짠테크를 시작한 이상, 저축이라는 목표에 도달할 생각을 하니 꼭 필요한 소비 위주로 예산을 편성할 필요가 있었다. 어차피 먹어야 되는 식비조차 절약의 대상이었다.

한 달에 50만 원으로 살기

그럼 50만 원으로 어떻게 생활했을까? 일단 절약할 수 있는 분야는 크게 세 가지, 주거비, 교통비, 식비다. 첫 번째는 주거비다. 당시 부모님 집은 수원이었고 회사는 여의도였다. 왕복 4시간이라는 거리이기에 자취하고 싶었지만, 회사 인근에서 자취를 하게 되면 월세 및 관리비로 100만 원 지출이 예상되었다. 그래서 과감히 자취를 포기하고 부모님 집에서 통근하기로 했다.

두 번째는 교통비다. 주거비는 부모님 집에 거주하면서 해결했지만, 교통비는 광역버스를 이용해야 했기에 약 10만 원 정도 지출되었다. 어쩔 수 없이 지출되는 교통비지만, 할인받기 위해 교통비가 할인되는 체크카드로 버스비를 냈고 대신에 택시는 절대 이용하지 않았다. 사람들이 택시를 타는 이유로는 출근이 늦어서, 너무 힘들어서, 가까운 거리여서 등 다양하지만 아무리 가까운 거리라도 가랑비에 옷 젖듯 모이면 꽤 큰돈이 된다.

특히, 취업했다고 자가용을 구매하는 경우가 있는데, 절대 금지다. 정말 특별한 이유가 아닌 이상, 자동차는 아기가 생기게 되면 그때 고민해봤으면 좋겠다. 자동차를 구매한 순간 할부 비용이 나갈 뿐만 아니라, 기름값, 보험료, 세금, 수리 비용 및 잡비 등 지출이 커지기 때문에 누가 공짜로 주더라도 받지 않아야 한다.

세 번째는 식비다. 아침은 부모님 집에서 해결했고, 점심은 신입사원이라는 장점을 활용해서 회사 선배들과 식사를 주로 하면서 식비를 아꼈다. 당시 회사 선배들과 식사하는 분위기가 일을 빨리 배울 수 있다는 측면에서 장려되었기 때문에 적극적으로 선배들과 식사를 함께 했다. 회사 선배들과의 점심 약속이 없으면 주로 협력사 혹은 고객사 분들과 미팅을 잡아 식사를 해결했다. 점심 미팅을 하면서 회사 일도 할 수 있고, 법인카드로 식사를 할 경우 식비도 아낄 수 있어 좋았다.

저녁은 주로 야근하면서 해결했다. 회사에서 야근하면 법인카드로 약 1만 원 정도를 저녁 비용으로 사용할 수 있었다. 일부러 야근하면서 다음날 해야 할 일을 먼저 하거나 회사 업무를 공부했다. 자취를 시작했을 때는 야근하면서 도시락류나 빵류를 구매해서 저녁 때 일부를 먹고 일부는 남겨두었다. 그리고 다음 날 아침을 해결했다.

당장 알뜰폰으로 갈아타라

통신비용을 줄이기 위해서는 무조건 알뜰폰으로 변경해야 한다. 알뜰폰이 SKT, KT, LG U+ 통신 3사보다 30~50% 이상 저렴한 이유는, 알뜰폰 사업자는 직접 통신 설비나 통신망을 보유하고 있지 않기 때문이다. 그럼 어떻게 통신 서비스를 제공할 수 있을까? 알뜰폰 사업자들은 통신 3사의 통신망을 빌려서 서비스를 제공하며, 직접 통신 설비를 관리하지 않아도 되기 때문에 비용을 절감할 수 있다.

알뜰폰 비용이 더 저렴하다고 해도 품질에는 큰 차이가 없다. 따라서 되도록 알뜰폰을 사용하는 것을 추천한다.

보험료 딱 이렇게만 가입하라

보험료는 월급의 5% 이내로 줄여야 한다. 본인의 월급이 250만 원이라면 보험료 12만 5,000원 이내로 가입하고, 300만 원이라면 보험료 15만 원 이내로 가입하길 바란다. 물론 보험료도 내지 않고 저축하면 좋지만, 저축하는 동안 아플 경우 큰 타격을 입을 수 있기 때

30세 기준 보험료 사례

상품명	가입금액	보험기간	납입기간	보험료	상령일 이후 보험료
(무)수호천사NEW내가만드는 보장보험(해약환급금 미지급형)	100만 원	종신	20년	1,410원	1,450원
(무)암(소액암제외) 진단비특약 F(A1)(해약환급금 미지급형)	3,000만 원	종신	20년	25,020원	25,800원
(무)소액암진단비특약F(A1) (해약환급금 미지급형)	600만 원	종신	20년	1,308원	1,338원
(무)뇌혈관질환진단특약진단특약 F(A1)(해약환급금 미지급형)	3,000만 원	종신	20년	19,320원	19,950원
(무)허혈성심장질환진단특약F(A1) (해약환급금 미지급형)	3,000만 원	종신	20년	19,590원	20,220원
합계보험료(초회보험료)				66,648원	68,758원

※ 상기 상품명의 '(무)'는 '무배당'을 의미합니다.

문이다. 나 또한 사회초년생 때도 실손 보험, 암진단, 뇌혈관질환진단, 허혈성심장질환진단에 대해 보장하는 보험은 계속 유지했다. 잘 모르겠다면 특약 기준을 참고할 것을 추천한다. 실손 보험은 기본적으로 가입하고, 본인이 지병이 있지 않은 경우라면 특약 기준 정도로 가입하길 추천한다.

별다방 커피는 본인 돈으로 마시는 것이 아니다

특히 '별다방' 커피는 더더욱 사회초년생이 본인 돈으로 마시는 것이 아니다. 요즘에는 물가가 올라서 커피 한 잔에 5,000원씩 한다. 하루에 한 잔만 사서 마셔도 한 달이면 15만 원이고, 일 년이면 180만 원이다. 그럼 어떻게 마시냐? 선배나 어른들이 사주는 커피를 얻어 마시는 것이다. 그분들의 주머니 사정이 최소한 여러분보다는 더 나을 것이다. 밖에서 목이 마르더라도 참아라. 죽지 않는다. 외부에서 주로 생활한다면 물통을 갖고 다녀라.

옷장에 옷이 가득한데, 왜 입을 옷이 없을까?

옷 구매 비용도 절약할 수 있다. 일단 옷장에 있는 옷들을 정리하자. 옷장 정리를 제대로 하지 않으면 옷을 찾을 수가 없고, 계속 쇼핑하게 되어 경제적으로 낭비하게 된다. 뿐만 아니라 옷을 사고도 한

번도 입지 않는 경우가 많다. 그 이유는 기존에 있던 옷들과 어울리지 않기 때문이다. 만약에 각각의 옷이 눈에 띄도록 옷장을 잘 정리한다면, 옷을 살 때 큰 고민 없이 가지고 있는 옷과 잘 매치되는 옷을 살 수 있다. 당장 옷장을 정리하고 과거 1년 동안 입지 않았던 옷들은 오늘 과감하게 중고마켓인 '당근마켓'에 팔자.

짠테크가 처음이라면 1,000만 원을 목표로 모아보자. 처음에는 짠테크를 한다고 해도 인생이 크게 달라질 것 같은 느낌이 오지 않는다. 하지만 1,000만 원만 모아보면 나도 할 수 있구나라는 자신감이 생기고, 앞으로 돈을 모으는 데 속도가 붙는다. 인생에 한 번은 '짠테크'를 해보자.

저축하면서 신용카드도 사용하자

저축하려면 신용카드를 없애야 하는 것 아니에요?

반은 맞는 말이다. 과소비를 줄일 수 있기 때문에 신용카드를 자르라고 하는 사람들도 많다. 하지만 신용카드를 잘 사용하면 신용점수를 올릴 수 있기에, 저축하면서 신용카드도 잘 사용하라고 권한다. 특히, 아직 체크카드만 사용했던 사회초년생의 경우는 신용등급 점수가 낮을 것이다.

신용카드를 사용하지 않을 경우 한정된 용돈 안에서 체크카드를 잘 사용했으니까, 그리고 연체된 적이 없으니까 신용등급이 좋을 것으로 생각할 수도 있다. 나도 그렇게 생각했다. 하지만 신용이라는 것은 '거래한 재화의 대가를 앞으로 치를 수 있음을 보여주는 능력'이다. 즉, 당신이 돈을 갚을 능력이 있는지 지금껏 연체 기록은 없었는지에 대한 경제적 기준을 바탕으로 신용점수를 매긴다. 그래서 돈을 빌리고 제때 잘 갚아야 신용점수가 쌓이는데, 가장 쉽게 돈을 빌리는 방법이 신용카드다. 신용카드로 결제하게 되면 결제일까지 돈을 빌리게 되는 것이고 신용카드 대금을 잘 갚으면 신용점수가 쌓여 추후 대출받을 때 금리 우대 혜택을 받을 수 있다.

신용카드 결제일은 14일로 바꾸자

신용카드를 사용하게 되면 한 달에 한 번 신용카드로 사용한 돈이 통장에서 빠져나간다. 신용카드 대금이 빠져나가는 일을 결제일이라고 하는데 각자 신용카드 결제일이 다를 것이다. 누구는 월급날 혹은 1일 등 본인이 편한 날짜로 설정하는 사회초년생들이 많다. 하지만 신용카드 결제일은 매달 1일부터 말일까지 사용한 카드 대금이 빠져나가는 날짜로 맞춰서 설정해놓는 것이 좋다.

각 카드사의 결제일

카드사	결제일
현대카드	12일
씨티카드	12일, 13일
하나카드	13일, 14일
삼성카드	13일, 14일
KB국민카드	14일
신한카드	14일
롯데카드	14일
우리카드	14일
NH농협카드	14일
IBK기업은행	15일

신용카드 결제일을 14일로 설정해두라고 한 것은 대부분의 카드사들의 1일부터 말일까지 이용결제일이 14일이기 때문이다. 만약 지금 현대카드, 씨티카드 등 결제일이 14일이 아닌 카드를 소지하고 있다면, 카드사에 확인한 뒤에 변경하는 것이 좋다.

내가 신용카드를 세 개나 사용하는 이유

현재 나는 신용카드 3개를 사용한다. 절약한다면서 과소비의 대명사 신용카드 3개나 사용한다고? 신용카드를 3개를 사용하면 이점들이 많다. 이점들로는 카드사 실적에 맞게 할인 혜택을 받을 수 있고, 은행 계열사 카드를 사용하면 해당 은행 우대 금리 혜택을 받을 수 있고 신용점수도 올릴 수 있다. 뿐만 아니라, 취득세, 수강료 등 큰돈이 들어갈 때는 실적 혜택뿐만 아니라 할부를 활용하여 목돈이 나가는 것을 방지할 수 있다.

사용하는 첫 번째 카드로는 관리비 전용카드로 신한카드를 사용한다. 30만 원 이상 사용하면 LG전자 정수기 비용에서 1만 원을 할인해준다. 대부분의 카드사는 관리비를 실적으로 인정해주지 않는 경우가 많은데, 신한카드는 관리비를 실적으로 인정해준다. 그래서 해당 신용카드로, 매월 관리비와 정수기 비용만 결제한다. 덕분에 한 달에 1만 원 혜택뿐만 아니라, 마이너스 통장 대출 이자 우대 금리로 0.3%p를 지원받는다.

두 번째 카드로는 고정비 지출용으로 국민카드를 사용한다. 자동차 유류비 할인카드며, 30만 원 이상 사용하면 리터당 100원을 할인해준다. 고정비로 가장 큰 부분이 우리 가족 보험료이며 유류비 등을 결제하면 총 30만 원이 된다. 덕분에 유류비 할인 혜택을 보고 있을 뿐만 아니라, 대출 이자 우대금리로 0.3%p를 지원받는다.

세 번째 카드로는 통신료 할인카드로 현대카드를 사용한다. 50만 원 이용 시 통신료 13,000원 할인, 100만 원 이용 시 통신료 30,000원을 할인해준다. 잘 사용하지는 않지만 가끔 취득세 납부, 의료비용 등 목돈이 들어갈 일이 있을 때 사용한다.

혜택이 좋은 신용카드를 선택하는 방법

금리 인상으로 인해 카드사 영업이익이 급감하면서 카드사들이 혜택을 줄이고 있다. 혜택이 좋은 카드란 전월 카드 사용 실적 대비 할인 한도가 높은 카드를 말한다. 하지만 영업이익이 급감하면서 혜택이 좋은 카드를 없애는 것이다. 그렇다면 어떻게 하면 혜택이 좋은 신용카드를 발급받을 수 있을까? 바로, 대표이사가 바뀔 때나 카드사에서 새로운 경영 목표를 발표할 때 나오는 신용카드를 발급받는 것이다. 그런 신용카드는 보통 혜택이 좋으므로 때를 기다리면 된다.

사회초년생이
대출을 활용해야 하는 이유

대출은 좋은 것이다

흔히들 사회초년생의 경우 재테크의 첫 목표라고 할 수 있는 내 집 마련을 염두에 두고 1억 모으기 프로젝트를 한다. 좋은 생각이다. 목표를 정하지 않고 모으겠다고 하는 것보다는 매우 좋은 선택이다.

하지만 현실적으로 계산해보자. 잡플래닛에 따르면 2023년 사회초년생 평균 월 수령액이 약 250만 원이다. 현실적인 저축 금액인 50%를 기준으로 계산해본다고 했을 때 6년에서 7년이 걸린다. 연봉 인상을 고려할 경우 빠르면 5년 정도 걸릴 수 있을 것 같다. 그렇다면 투자하려는 부동산 가격이 5년 뒤에도 현재의 가격과 같을까? 같지 않을 것이다. 사람들이 구매하고 싶어 하는 부동산이라면, 연봉이 오

월급에 따른 저축 가능 금액

	월급	월 저축액 (저축율 50% 기준)	연 저축액 (저축율 50% 기준)	누적 저축액
1년	2,500,000	1,250,000	15,000,000	15,000,000
2년	2,625,000	1,312,500	15,750,000	30,750,000
3년	2,756,250	1,250,001	15,000,012	45,750,012
4년	2,894,063	1,447,031	17,364,375	63,114,387
5년	3,038,766	1,250,002	15,000,024	78,114,411
6년	3,190,704	1,595,352	19,144,223	97,258,634

※ 원화 기준, 월급이 매년 5% 상승한다고 가정할 경우

른 것보다 훨씬 더 많이 올라가 있을 것이다.

그러면 어떻게 해야 할까? 연봉을 자산이 오르는 속도만큼 빠르게 올리거나 대출을 활용하면 된다. 하지만 연봉 인상률을 자산이 오르는 속도만큼 높이기는 쉽지 않다. 그래서 대출을 알아두는 편이 더 현실적일 것이다. 대출을 무조건 안 좋은 것이라고 인식하는 대부분의 사람들은 돈과 시간 간의 상관관계에 대해 전혀 모르고 있을 가능성이 크다. 대출은 안 좋은 것이 아니라 미래에 벌어들일 소득을 미리 현재로 당겨오는 것이라고 생각한다면 이야기가 달라진다.

월급만 모아서 집을 산다고?

월급만 모아서 집을 산다면 30~40년이 넘게 걸릴 일을, 지금 당장 가능하도록 당겨오는 것이 대출이다. 30세부터 월급을 모은다면 40년이라는 시간을 들여 70세가 되어서야 내 집 마련이 가능할 것이다. 이걸 30년 앞당겨서 40세에 살고 싶은 집에서 거주하며 행복을 누릴 수 있다고 생각해보자. 이 경우 매달 대출로 지출해야 하는 이자보다 훨씬 더 큰 가치를 얻을 수 있는 것이다. 그래서 대출은 단점보다 장점이 더 많은 수단이다.

그렇다면 대출의 단점은 없을까? 물론 있다. 너무 무리한 대출을 받으면 위험에 빠질 수 있다. 하지만 대출에 대해 어느 정도 이해만 하면, 손해보지 않고 충분히 잘 활용할 수 있다. 나의 경우 대출에 관해서 많은 공부를 했다. 신용대출, 마이너스 통장, 사업자 대출, 후순위 대출, P2P 대출, 사금융 등 다양한 대출 방식과 장단점을 공부했다. 대출을 공부해야 하는 이유는, 일반 매수부터 경매로 낙찰받는 것까지 대출이 활용되지 않는 분야가 없을 뿐 아니라, 본인 상황에 맞는 최적의 대출을 잘 선택해야 비용을 낮출 수 있기 때문이다.

예를 들어, 10억 원의 아파트를 매수한다고 해보자. 현금으로 아파트를 살 수도 있고 대출을 받아서 살 수도 있다. 대출받지 않고 현금 10억 원을 모두 들여서 매수하게 되면 아파트 한 채밖에 살 수 없지만, 10억 원의 50%를 대출받아 매수하면 아파트 두 채를 살 수 있

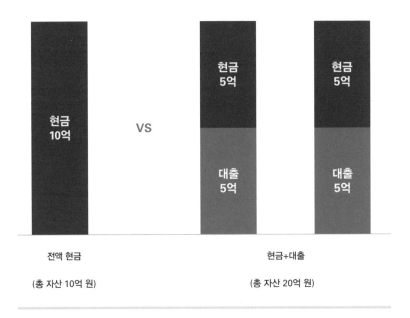

전액 현금		현금+대출
(총 자산 10억 원)		(총 자산 20억 원)

다. 이는 아파트값이 상승하면 더욱 극명하게 나뉘는데, 10%씩 올랐다고 가정하면 현금으로만 투자했을 때에 비해 두 배의 수익률을 거둘 수 있는 것이다. 대출을 무서워하기보다는 대출을 잘 활용해서, 각자 상황에 맞는 대출이라는 마법 주문을 외워보자.

사회초년생이라면
꼭 알아둬야 할 대출용어

'대출을 잘 받는다'는 것은 최대한 낮은 대출금리로 최대 대출한도까지 받는 것을 의미한다. 물론, 추후 여유가 있어 대출을 많이 안 받는다고 할지라도 본인이 대출금을 정할 수 있다면 좋을 것이다. 그런데 대출을 잘 받기 위해서는 기본적으로 대출용어들을 알 필요가 있다. 대출 담당자와 이야기하는데 대출용어를 잘 모를 경우, 제대로 대화가 안 될뿐더러 대출을 받아본 경험이 없다고 생각하고, 상대적으로 좋지 않은 조건으로 제안할지도 모른다. 고기도 많이 씹어본 사람이 잘 알듯이, 대출도 많이 받아본 사람이 더 잘 알기 때문이다.

원금균등분할상환

매달 원금을 균등하게 납부하고, 이에 따른 이자는 점차 줄어드는 방법

원리금균등분할상환

매달 원금 + 이자금액을 균등하게 납부하는 방법

만기일시상환

대출기간 동안 이자만 납부하고 원금은 만기에 일시상환하는 방법

대출상환 방식

대출을 받으면 대출받은 원금과 이자를 갚아야 한다. 그런데 원금과 이자를 갚는 대출 상환방식은 크게 세 가지로 나뉜다. 원금균등분할상환, 원리금균등분할상환, 그리고 만기일시상환이다. 각각 장단점이 있는데 본인의 상황에 따라서 맞는 방식을 선택하면 된다.

1) 원금균등분할상환

대출 기간 동안 대출 원금을 일정 금액으로 상환한다는 뜻이다. 원금을 계속 갚기에 이자는 계속 감소한다. 하지만 초기에 원금 상환을 많이 하기 때문에, 초기에 상환 부담이 있을 수 있다.

2) 원리금균등분할상환

대출 기간 동안 원금과 이자를 대출 기간 동안 균등하게 납부하는 방식이다. 상환금액이 항상 일정해서 좋지만 원금균등분할상환에 비해 전체 이자를 더 많이 낸다.

3) 만기일시상환

대출 기간 동안 이자만 납부하다가 만기일에 원금을 모두 상환하는 방식이다. 초기에 상환 부담액이 적으나 만기일에 한번에 상환해야 한다. 주로 상가, 지식산업센터 등 수익형 부동산에서 활용한다.

대출 규제 용어

4) LTV

LTV란 Loan to Value(담보인정비율)의 약자로서 부동산 자산의 몇 퍼센트나 대출받을 수 있냐는 의미다. 예를 들어, LTV가 70%라는 것은 10억 원의 아파트를 매수한다고 한다면 7억 원까지 대출이 가능하다는 뜻이다.

$$LTV = \frac{담보 한도}{담보 가치} \times 100$$

5) DSR

DSR은 Debt Service Ratio(총부채원리금상환비율)의 약자다. 총 금융 부채 원리금 상환액을 연 소득으로 나눈 비율이다. '총 부채 원리금 상환 비율'이라고 부르는데, 신용대출, 자동차 할부금 등 모든 대출 원리금을 포함한 대출의 원금과 이자를 더한 금액을 연 소득으로 나누는 것이다. 소득 금액과 대출금액을 고려해서 대출해주겠다는 뜻이다.

$$DSR = \frac{\text{주택담보대출 연간 총 상환액(원금+이자)} + \text{기타 부채 연간 총 상환액(원금+이자)}}{\text{연 소득}} \times 100$$

다음은 DSR을 계산할 때 포함되지 않는 대출 종류이니 참고하길 바란다.

- 보험계약대출 및 예적금 담보대출
- 전세자금대출, 특례보금자리론, 이주비/중도금대출
- 서민금융상품, 300만 원 이하 소액신용대출, 상용차 금융, 할부/리스 및 단기카드대출
- 정책적 목적에 따라 정부, 공공기관, 지방자치단체 등과 협약을 체결하여 취급하는 대출, 자연재해 지역에 대한 지원 등 정부 정

책 등에 따라 긴급하게 취급하는 대출

6) DTI

DTI는 Debt To Income ratio(총부채상환비율)의 약자로, 주택담보대출을 받을 때 한도를 설정하기 위해서 대출받는 사람의 원리금 상환 능력을 고려한 규제다. 비슷한 개념인 DSR과 비교할 때, DTI는 주택담보대출 원금상환액과 신용대출 등 다른 대출의 이자상환액만 포함하는 반면, DSR은 주택담보대출을 포함한 신용대출, 자동차할부 등 모든 대출의 원금상환액을 포함한다는 점에서 차이가 있다. 그래서 DTI로 산정하는 것이 더 유리하다.

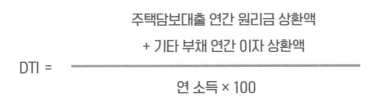

$$DTI = \frac{\text{주택담보대출 연간 원리금 상환액} + \text{기타 부채 연간 이자 상환액}}{\text{연 소득} \times 100}$$

고정금리 vs 변동금리

7) 고정금리

금리가 매우 낮은 상황이라면 고정금리가 좋다. 금리가 더 올라갈 것 같다면 고정금리로 금리를 고정한 이후에 낮은 금리의 혜택을 길게 누리면 좋다. 나의 경우 주택을 매수할 때 담보대출을 받았는데 2.6% 고정금리로 받았으며 현재도 유지하고 있다. 그뿐 아니라 대출을 많이 받으면 자금을 관리하는 측면에서 고정금리로 관리하는 것이 좋다. 대출이 많다면 금리가 인상될 경우 큰 위험으로 다가올 수 있기 때문이다.

8) 변동금리

금리가 이제 떨어질 것 같다면 변동금리를 선택하는 것이 좋다. 금리가 하락하게 되면 대출금리 또한 인하되어 대출금리 하락의 혜택을 누릴 수 있기 때문이다. 2024년 상반기인 지금 시점에서 대출을 받는다면 변동금리로 받을 것 같다. 당장 금리가 하락할 것 같지는 않지만, 금리가 최고점에 다다른 시점에서 굳이 고정금리를 유지할 필요는 없어 보이기 때문이다.

대출한도를
최대한 늘리는 7가지 방법

소득이 높든 적든 사회초년생이라면 대출에 대한 고민이 많다. 각자 생각하는 기준이 다르기 때문이다. 그래서 현재 소득으로 최대한 많은 대출을 받을 수 있는 방법을 다음과 같이 소개한다.

근거 있는 '허풍'을 떨자

대출 담당자들이 좋아하는 고객은 신용도가 높고, 소득도 높고, 자산도 많은 고객이다. 돈이 필요해서 대출받으러 왔는데 여유가 있는 고객을 선호하다니 아이러니하지 않은가? 하지만 입장 바꿔 생각하면 대출을 해주는 사람으로서는 어쩌면 당연하다. 따라서 근거 있는 '허풍'을 떠는 것이 필요하다.

물론 개인대출의 경우 본인의 소득과 신용등급에 따라 결정된다. 하지만 부동산임대사업자대출 등 사업자대출은 확연히 다르다. 실무 담당자가 대출을 많이 해주려고 자료를 모으거나 추가 자료를 요청할 때도 있고, 정성적인 부분에서 한도나 금리에 대한 혜택을 줄 수 있는 부분도 크기 때문이다.

특히 대출은 은행에서 해주지만 대출 승인을 해주는 것은 사람이다. 그래서 나의 경우 은행에 대출받으러 갈 때는 깔끔하게 입고 가거나 조그마한 음료수라도 가지고 간다. 만약 기존에 알고 지내던 분이 여자 담당 직원이라면, 은행 근처에서 맛있는 디저트를 가지고 간다.

중요한 것은 상담받을 때 최대한 현재 경제흐름과 대출용어에 대해서 잘 알고 있다는 것을 어필하기 위해서 대출용어를 많이 사용한다. 그뿐 아니라 지금까지 부동산 투자 경험 및 성과를 자랑하고, 신뢰도를 보여주기 위해 좋은 회사에 다닌다는 것을 어필하면서 재직증명서도 지참한다. 본인의 상황에 따라 최대한 본인의 신뢰도를 높여줄 수 있는 강점을 활용해서 대출 상담을 받으면 좋다.

대출 견적을 여러 곳에서 받아보자

대출을 잘 받기 위해 흔히들 오랫동안 거래한 주거래 은행을 찾아 대출받는 경우들이 많다. 하지만 꼭 주거래 은행이라고 대출한도를 많이 주거나 금리우대를 많이 해주지 않는다. 그래서 여러 곳을 알아보면 좋은데 1금융권뿐만 아니라 2금융권에서도 알아보는 것을 추천한다. 증권사, 보험사, 상호금융기관(농협, 신협, 저축은행 등)으로 대표되는 2금융권에 대한 오해가 많은데, 사실 1금융권과 2금융권을 나누는 기준은 은행법을 적용받느냐 여부다. 은행법을 적용받으면 1금융권이고 적용받지 않으면 2금융권으로, 2금융권이 안전하지 않다는 것은 큰 오해다. 2금융권이면 신용조회하는 것만으로도 신용점수가 낮아지는 것은 아닌지 고민하는 사람들도 있는데 2금융권을 이용한다고 무조건 신용점수가 낮아지는 관행은 없어졌다. 그러니 주거래 은행뿐만 아니라 대출 비교 사이트에서도 알아볼 필요가 있다.

특히 대출을 받을 때 월급 실적이 있는 은행에서 대출을 받아야 우대 금리 혜택을 적용받을 수 있다고 오해하시는 분들이 있다. 하지만 각 은행에서 월급 실적으로 인정해주는 기준은 각각 다르다. 예를 들어, S은행에서는 월급 실적으로 인정받기 위해 입금될 때 50만 원 이상 입금되고 '급여'라는 내용만 적혀 있으면 된다. 이렇게 각 은행마다 급여 실적 조건은 다르므로, 회사에서 주는 월급을 받는 은행이 아닌 곳에서도, 우대 금리 혜택을 누릴 수 있다.

대출만기 기한을 최대한 길게 가져가자

주택을 매수하기 위해 대출을 받을 때는 소득 대비 대출한도를 규제하고 있다. 연 소득 대비 원리금을 규제하는 것인데, 대출만기 기간을 최대한 늘리면 매년 갚아야 할 원리금이 낮아진다. 예를 들어, 10억 원 주택을 매수할 때 원리금균등분할상환으로 대출받을 경우, 대출기간을 길게 할수록 매년 갚아야 하는 원리금이 줄어들게 되고 대출한도가 많이 나온다. 같은 대출금이라고 하더라고 30년 동안 갚는 금액과 40년 동안 갚는 금액에는 차이가 있기 때문이다. 특히 금리가 낮은 시기가 다시 온다면, 최대한 대출만기 기한을 길게 가져가자. '맛있는 사탕'은 오랫동안 녹여 먹어야 맛있듯이, 좋은 대출은 오랫동안 가져가는 것이 좋다.

인정되는 소득 금액을 올리자

소득 금액을 올리면 대출한도가 늘어난다는 것은 누구나 아는 사실일 것이다. 하지만 직장인이 아닌 사업자나 프리랜서의 경우 소득이 올라가도 절세를 위해서 비용처리를 많이 하거나, 세금을 내지 않기 위해서 현금거래를 할 때도 있다. 이러면 소득으로 인정되지 않아서 대출이 불가한 경우가 많다. 절세를 위해 비용처리를 많이 할지 혹은 대출한도를 위해 비용처리를 덜 할지는 고민되는 부분이기는 하지만 대출한도를 위해서라면 인정되는 소득 금액을 늘릴 필요가 있다. 그뿐만 아니라 사업을 하고 있고, 보유하고 있는 부동산이 있다면 '사업자 후순위 대출'을 활용할 수 있다. KB부동산 시세의 LTV

80% 이상까지 대출이 가능하다. 예를 들어, 사업자등록증이 있는 사람이 KB부동산 시세로 10억 원의 아파트를 보유하고 있다고 가정하자. 아파트 구입 자금 대출로 3억 원을 받고 이후에 아파트 담보대출로 받은 것이 없다고 하면 KB부동산 시세의 LTV 80% 이상까지는 대출받을 수 있다. 주의해야 할 점은 등기 후 3개월 뒤에 가능하고, 세입자가 있으면 세입자 동의가 필요하며, 공동명의자가 있으면 동의가 필요하다.

대출 담당자를 잘 활용하자

은행에서는 대출을 해줄 때 감정평가사에 감정평가를 맡긴다. 대출받으려는 물건의 담보 가치를 평가하기 위함이다. 아파트는 이미 KB시세로 정해져 있어 감정평가의 중요성이 낮다. 하지만 그 외의 부동산 물건들은 감정평가가 중요하다. 감정평가를 할 때 다양한 평가방식과 계산식을 활용하지만, 각 항목에 점수를 매기는 것은 감정평가사인 사람이다. 계산식이 있기에 감정평가사마다 차이가 엄청나게 크지 않을 수는 있지만, 감정평가사도 사람이기에 개인별로 주관이 들어가기 마련이다. 특히 대출 담당자의 경우 대출을 많이 해주어야 본인의 실적에 도움이 되기 때문에 많은 금액을 대출해주고자 하지만 은행 규정에 부합해야 하고 대출받는 차주가 대출을 못 갚으면 자신에게도 불이익이 갈 수 있어 무턱대고 대출을 해줄 수 없다. 하지만 은행 입장에서 대출을 받는 사람이 상환능력이 좋고 물건도 좋은 물건이라고 생각된다면 대출을 더 해줄 수 있는 여지는 분명히 존재한다. 무엇이든지 사람이 결정하고 진행하므로, 대출 담당자를 설득할 수 있도록 노력해야 한다.

경락자금대출을 활용하자

경락자금대출이란 경매를 통해 부동산을 매수할 때 금융기관에서 받는 대출을 말한다. 경락자금대출은 1금융권인 시중은행과 2금융권인 저축은행, 보험사 등에서 받을 수 있는데, 경락자금대출을 활용하게 되면 매매할 때보다 대출한도가 더 높게 나온다. 하지만 단지 경락자금대출을 활용한다고 해서 대출이 더 나오는 것이 아니라, 일반 매매보다 더 저렴하게 매수하기 때문에 대출이 더 많이 나오는 것이다. 예를 들어, 5억 원의 상가를 일반 매매로 구매하면 70%인 3억 5,000만 원의 대출이 나온다고 가정해보자. 하지만 만약 경매로 5억 원의 동일한 상가를 4억 원에 낙찰받을 수 있다고 한다면, 금융기관에서는 동일한 물건이기에 이론적으로 동일한 대출금액인 3억 5,000만 원까지 대출이 가능하며, 이는 매수 가격인 4억 원의 약 90%에 이른다. 물론 시중 금리 상황 등에 따라 다르겠지만, 경매를 통해 더 저렴하게 매수할수록 더 높은 비율의 대출이 나올 수 있는 이유다.

신용등급을 올리자

신용등급이 낮으면 받을 수 있는 대출한도보다 적은 대출이 나올 수 있다. 특히 신용등급이 낮으면 금리 부분에서도 불리하기 때문에 신용등급 관리는 기본 중의 기본이다. 지금 바로 신용등급을 올리는 방법 하나를 소개한다.

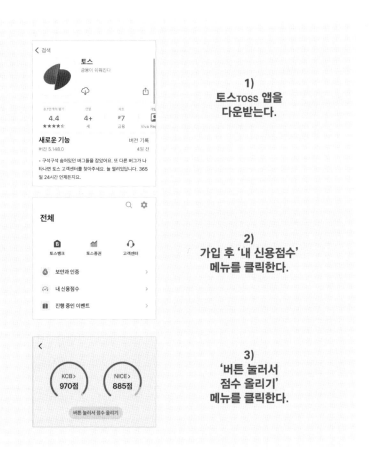

1)
토스TOSS 앱을
다운받는다.

2)
가입 후 '내 신용점수'
메뉴를 클릭한다.

3)
'버튼 눌러서
점수 올리기'
메뉴를 클릭한다.

현대사회에서 신용은
곧 돈이다

당신은 믿을 만한 사람인가?

지금까지 신용이 중요하다는 말은 한 번쯤은 들어봤을 것이다. 그런데 왜 중요할까? 최근에 지인들과 술자리를 가졌다. 투자 이야기를 하면서 즐거운 시간을 보냈다. 식사 자리는 내가 한 번에 결재하고 정산하기로 했다. 그런데 각자 정산내역을 공유했는데도 하루가 지나서도 송금해주지 않는 친구가 있었다.

무슨 일이 있겠지 싶어서 하루를 더 기다렸다. 그래도 정산하지 않아서 연락했는데, 별거 아니라는 듯이 이야기하며 송금해주었다. 술자리 비용이 작다면 작고 크다면 큰 비용이지만, 나로서는 기분이 좋지 않았다. 심지어 영수증도 첨부하고, 각자 개별적으로 금액을 알려주었는데 말이다. 단순히 친구들과의 술자리 이야기 같지만 여기에도 신용이라는 개념이 담겨 있다.

다음 표는 신용카드 연체에 따른 신용도 변동사항이다. 금액, 연체일수, 건수에 따른 신용점수 변동 여부가 나와 있는데, 사회초년생의 경우 꼭 필수적으로 알아두면 좋다. '조금 늦은 것 정도는 괜찮아'라고 생각하다가 신용점수에 변동이 생기거나 연체 기록이 생기면, 추후 대출받을 때 이자율이 높아지거나 대출이 불가한 불이익을 받을 수 있기 때문이다.

나의 경우는 월세 입금, 이자 인출, 카드 대금 인출 등 입출금이 많기 때문에 하나하나 신경을 쓰지 못한다. 그래서 자동인출을 많이 신청해두는데, 이럴 때 하나라도 연체가 되면 신용도에 영향을 줄 수 있어서 돈을 여유 있게 넣어둔다. 연체에 대해서는 특히 예민하게

신용카드 연체에 따른 신용도 변동사항

연체금액	연체일수	건수	신용점수 변동	연체 기록
10만 원 미만	상관없음		변동 없음	기록 없음
10만 원 이상	5일	1	변동 없음	연체 기간 동안 신용평가사 및 금융권 공유
		2	신용점수 하락	변제 후 3년간 기록
30만 원 이상	30일 이상	1	신용점수 하락	변제 후 1년간 기록
100만 원 이상	90일 이상	1	신용점수 하락	변제 후 5년간 기록
500만 원 이상 국세, 지방세 등 세금	연체 즉시	1	신용점수 하락	변제 후 5년간 기록

생각할 필요가 있다. 지출되는 통장에 돈을 여유 있게 넣어두거나 그럴 수 없다면 마이너스 통장에서 인출될 수 있도록 설정해두길 추천한다.

인간관계에서도 신용도는 돈이다

가족, 친구, 지인 등 다양한 사람들 간의 관계에서도 신용도는 정말 중요하다. 나는 물품을 구매할 때 주로 인터넷 쇼핑을 이용한다. 인터넷이다 보니 직접 물건을 볼 수 없어서 고민이 될 때가 많다. 그래서 항상 구매하기 전에 후기를 확인한다.

당신도 인터넷으로 물품이나 서비스를 구매할 때 후기를 보는 습관이 있지 않은가? 인터넷 후기도 신용도에 해당한다. 후기가 좋으면 신용도가 좋은 것으로, 사람들은 조금 더 비싸도 신용도가 좋은 제품을 구매하기 마련이다. 물품뿐만 아니라 법률, 세무 등의 서비스도 마찬가지다. 조금 더 비싸도 사람들의 평이 좋은 곳에 가서 비용을 내게 된다. 현대사회에서 신용은 곧 돈이다.

신용등급에 관한 기본 지식

1) 신용등급 확인하기 쉬운 방법
신용등급을 확인할 수 있는 사이트는 여러 곳 있지만, 가장 쉽게 확인하는 방법은 토스 앱이나 카카오페이 앱을 활용하는 것이다.

2) 신용점수가 2개인 이유

우리나라 대표 신용평가사로 코리아크레딧뷰로KCB와 나이스평가정보NICE가 있다. 신용점수가 두 개인 이유이며, 두 신용평가사 모두 공통으로 상환능력, 부채 수준, 신용 형태를 중점적으로 본다.

3) 신용점수가 다른 이유

신용점수가 각각 다른 이유로 KCB는 신용형태인 거래 패턴을 주로 보고, NICE는 연체나 상환 이력을 중요하게 평가하기 때문이다.

4) KCB와 NICE 중 어느 점수가 더 중요할까?

둘 다 중요하다. 대출받거나 신용카드를 만들 때, 은행이나 카드사

KCB와 NICE의 평가요소 비교

평가요소	평가요소 상세내용	KCB	NICE
상환이력	현재 연체 및 과거채무상환 이력	21%	31%
부채수준	채무부담정보(대출 및 보증채무 등)	24%	26%
신용거래기간	신용거래기간(최초/최근 개설로부터 기간)	9%	13%
신용형태	신용거래 패턴(체크/신용카드 이용 정보)	38%	30%
비금융/마이데이터	비금융/마이데이터 정보(성실납부실적 등)	8%	0%
합계		100%	100%

에서 참고하는 신용평가사가 다르다. 그래서 뭐가 더 중요한 점수라는 것은 없고 모두 중요하다.

PART 4

스마트한 투자자가 되기 위한

프롭테크 활용법

기본 중의 기본, 네이버부동산

지금까지 부동산 기초에 대해서 배웠다면 이제 부동산 매물을 찾는 방법과 지역 조사를 좀 더 편하고 효과적으로 하는 방법에 대해 알아보겠다. 가장 많이 사용하는 '네이버부동산' 활용 방법과 꿀팁 등에 관해 먼저 확인해보도록 하겠다.

다른 기능들도 많지만 매물들을 가장 많이 볼 수 있는 앱이다. 최근에는 다양한 앱 그리고 지역별 카페도 많아졌지만, 단연코 가장 많은 매물을 볼 수 있는 곳이 네이버부동산이며 매물 기능 외에도 다양한 기능들이 있다.

개발 호재

매물을 알아보는 것 외에 가장 많이 쓰는 기능이 개발 호재에 대한 기능이다. 네이버부동산 앱 내에서 지도를 보면서 '개발' 메뉴를 클릭하면 지역별로 다양한 개발 호재에 대한 정보를 확인할 수 있다. 지하철, 택지지구 등 다양한 미래 개발 계획에 대해서 확인할 수 있다.

특히 계발 계획에 대해서 추가 정보를 확인하기 위한 메뉴도 있다. 예를 들어, 다음 자료와 같이 GTX-C에 대해서 추가 정보가 궁금하

개발 호재 확인 방법 사례

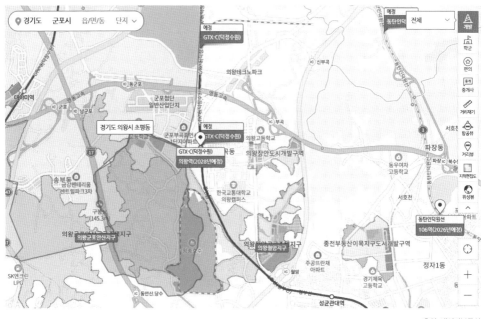

출처: 네이버부동산

개발 정보 및 추진 경과

개발정보

위치	경기도 양주 덕정~ 경기도 수원	사업 종류	광역철도
사업 규모	86.46km, 역사 14개소	정차역	덕정역, 의정부역, 창동역, 광운대역, 청량리역, 왕십리역, 삼성역, 양재역, 정부과천청사역, 인덕원역, 금정역, 의왕역, 수원역, 상록수역
경제성(B/C)	1.36	시행자	국가철도공단
사업 금액	4조 6,084억 원	수행 단계	예비타당성조사통과
관리 주체	공공	개통 예정일	2028년 예정
사업 목적	수도권 교통난 해소와 장거리 통근자들의 교통복지 제고를 위해 수도권 외곽에서 주요 거점을 30분대로 연결하는 철도망 구축		

추진 경과

- 2023.08.22. GTX-C 실시협약 체결
- 2023.07.19. 국토교통부 보도참고자료(GTX-C 연내 착공 가시화)
- 2021.01.29. 수도권광역급행철도 C노선 시설사업기본계획 변경(국토교통부 고시 제 2021-57호)
- GTX-C노선 민간투자대상사업 지정 및 시설사업기본계획 고시
- 2019.06 기본계획수립 용역 중

출처: 네이버부동산

다면 GTX-C를 클릭한 뒤 추가 정보를 확인할 수 있다. 사업 예정 기간, 사업 규모, 개발 정보, 추진 경과 등 해당 개발 호재에 대해서 더 자세한 정보를 확인할 수 있다.

학군 조사하는 방법

부동산 투자를 하면서 학군을 조사하는 것은 매우 중요하다. 당장 내가 자녀가 없다고 혹은 자녀 계획이 없다고 하더라도 학군 조사를 하지 않는 투자에 대해 생각하지 않는 것이다. 추후 나의 매물을 사 줄 사람들이 많아야 매도할 때 좋은 가격에 매도할 수 있는데, 학군이 좋은 지역은 다른 지역에 비해 수요가 더 높기 때문이다. 그렇다면 학군은 어떻게 조사할 수 있을까? 먼저 학교 메뉴를 클릭하게 되면 어느 지역까지 해당 학교로 등교하는지 확인할 수 있다. 다음 자료처럼 같은 구역으로 표기된 곳끼리 특정한 같은 학교로 배정받는다. 길 하나 차이라도 학군에 따라서 매매가격이 달라지기 때문에 학

학군 조사 방법 사례

서울도곡초등학교
학급당 학생수 23명
교사당 학생수 18명

서울동서초등학교
학급당 학생수 31명
교사당 학생수 25명

출처: 네이버부동산

학군 비교 사례

학교정보 배정단지

학급당 학생수(명)	교사당 학생수(명)
2023년 05월 31일 기준	2023년 05월 31일 기준

A학교 19.8 / B학교 21.4 / C학교 31.3

A학교 17.4 / B학교 18.9 / C학교 27.9

학년별 학급수, 학생수 2023년 05월 31일 기준

학년	학급수	학생수
1학년	7	228
2학년	7	239
3학년	8	243
4학년	8	272
5학년	10	310
6학년	10	296

학교정보 배정단지

학급당 학생수(명)	교사당 학생수(명)
2023년 05월 31일 기준	2023년 05월 31일 기준

ㄱ학교 20.1 / ㄴ학교 21.2 / ㄷ학교 24.7

ㄱ학교 17.4 / ㄴ학교 16.9 / ㄷ학교 0

학년별 학급수, 학생수 2023년 05월 31일 기준

학년	학급수	학생수
1학년	8	203
2학년	7	179
3학년	5	140
4학년	5	126
5학년	4	93
6학년	4	94

군 파악은 중요한 요소다.

특히 학군을 파악할 때 1학년 학생 수와 6학년 학생 수를 파악하는 것이 중요하다. 1학년 입학생 수보다 6학년 졸업생 수가 더 많은 것이 좋은데, 이 뜻은 학군이 상대적으로 좋은 학교로 많은 학생이 전학 왔다는 뜻이다. 반대로 입학생 수보다 졸업생 수가 적다면, 학군이 상대적으로 좋지 않아 많은 학생이 전학을 갔다는 의미로 해석할 수 있다.

신규 매물 알람 기능

관심 있는 아파트 단지가 생기면 해당 아파트에 새로운 매물들이 올라왔는지 확인하고 싶은 것은 당연한 이치다. 어떤 물건이 올라왔는지 혹은 해당 아파트 단지에 더 저렴한 매물들이 올라왔는지 궁금한데, 매번 애플리케이션을 켜서 확인하기에는 번거로울 수 있다. 그런데 이런 번거로움을 해결해줄 수 있는 기능이 있다. 아파트 단지를 클릭하게 되면 오른쪽 위에 알림이라는 버튼이 보인다. 이 버튼을 클릭한 후 거래유형인 매매, 전세, 월세, 단기 임대 여부를 선택한다.

신규 매물 알람기능 사례

이후에 아파트 면적과 특정 동을 선택할 수 있다.

그뿐 아니라 특정 매물 가격보다 더 저렴한 매물이 등록되면 알람이 뜨는 기능들도 있다. 가격 기준으로 필터를 걸게 되면 최저가로 파악할 수 있는데, 그 이후에 더 저렴한 매물이 올라왔을 때 확인할 수 있는 기능이다.

최저가 금액의 매물을 선택한 이후 오른쪽 위에 있는 알림 버튼을 클릭하면 알림을 등록할 수도 있다. 이제는 관심 있는 아파트 단지의 최저가 금액을 매번 확인하지 말고 알람을 통해서 편리하고 똑똑하게 알아보자.

시세/실거래가 확인 사례

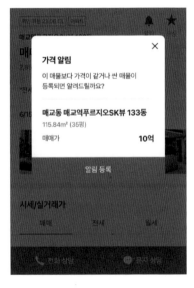

지적편집도 기능

　지적편집도란 도면(지적도, 임야도)을 편집하여 주요 내용만 간략하게 편집한 것을 말한다. 여기서 중요한 것은 주택부지, 공업지역, 상업지역 등을 표시하여 토지 현황에 대해서 알아볼 수 있는 기능이다. 우선적으로 건폐율과 용적률을 알 수 있다. 건폐율과 용적률을 알아야 하는 이유는 사업성이다. 얼마나 더 많은 층을 지어서 세대수를 늘릴 수 있는지를 판단하는 것이다. 예를 들어, 용적률 200% 아파트

지적편집도 확인 기능 사례

출처: 네이버부동산

라면 1,000세대, 용적률 300% 아파트라면 1,500세대 규모를 지을 수 있는 것이다. 사용하는 방법으로는 좌측에 '도구' 메뉴를 클릭한 뒤에 '지적편집도'를 클릭하면 된다.

예를 들어, 여의도동의 경우 지적편집도로 보면 같은 아파트라도 용도가 다른 것을 알 수 있다. 예를 들어, 여의도의 공작아파트와 수정아파트 중 일부는 상업지역이고, 한양아파트, 대교아파트 등 그 외의 아파트는 제3종일반주거지역이다. 이렇게 토지 용도가 다를 경우 재건축할 때 사업성이 달라지는 중요한 요소가 된다.

여의도동 지적편집도

원하는 조건의 물건 찾기, 호갱노노

아파트 실거래가 앱으로 가장 유명한 것은 '호갱노노'다. 호갱노노는 단순히 실거래가에 대한 정보뿐만 아니라, 빅데이터를 통해서 투자에 도움이 되는 다양한 정보를 얻을 수 있는 부동산 필수 앱으로 자리 잡았다. 아직도 다운로드받지 않았다면 다운로드를 받아 다음 기능들을 확인해보자.

실거래가 조회

호갱노노에서 사람들이 가장 많이 사용하는 실거래 조회 기능을 사용하면, 매매가격, 전세가격, 전세가율, 거래일 그리고 층수도 확인할 수 있다. 국토교통부 아파트 데이터를 가져오는 것으로 과거 시

세에 대한 조회도 가능하다. 특히 시점별로 당시 데이터 정보도 쉽게
확인할 수 있다.

실거래가 비교 기능

실거래 가격뿐만 아니라, 시, 구, 동에서 어느 정도 수준인지 알 수
있다. 해당 데이터는 송파구 가락동의 헬리오시티 데이터다. 다음 자
료를 통해서 가락동에서는 최상위 수준의 가격을 형성하고 있고, 송

지역 평당가 비교 사례

실거래가 비교 기능 사례

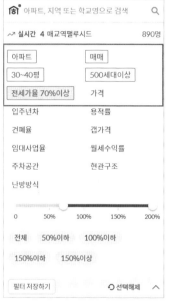
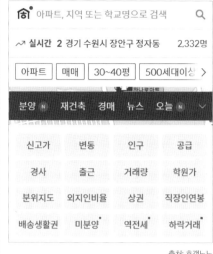

출처: 호갱노노

파구에서도 높은 수준의 가격을 보이는 아파트라는 것을 알 수 있다. 또한 3개월부터 3년간의 가격 변동률에 대해서도 확인할 수 있다.

특히 투자할 때 원하는 조건에 맞는 투자를 하고자 하지만 일일이 모든 실거래가를 확인하면 시간도 많이 소요되고 놓치는 부동산도 있을 수 있다. 하지만 위와 같이 원하는 조건들을 설정하고 검색한다면 더욱 정확하고 빠르게 데이터를 취합할 수 있다. 그중에서 유형(아파트, 오피스텔, 재건축 등), 평형, 세대수, 전세가율, 입주년차가 가장 중요하다.

가격변동

스마트폰의 경우, 왼쪽에 분석 메뉴를 선택하게 되면 다양한 빅데이터를 활용할 수 있는 메뉴들이 나온다. 다양한 데이터 중에서 가장 많이 사용하는 데이터들은 가격변동, 인구, 공급, 학원가, 상권, 직장인 연봉이 있다. 그중에서 가격변동에 대해서 먼저 알아보자. 가격변동을 클릭하게 되면 시, 구, 동뿐만 아니라 아파트 단지별로도 확인할 수 있다. 기간별 변동 사항을 지도에 둥근 원그래프로 표시해주는데, 붉은색은 가격상승을 뜻하고, 파란색은 가격하락을 뜻한다. 원이 크고 색깔이 진할수록 상대적으로 가격변동이 컸음을 의미한다.

가격변동 확인 기능 사례1

가격변동 확인 기능 사례2

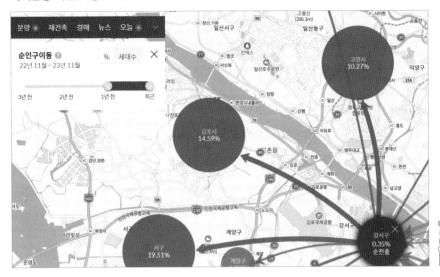

인구

    통계청 데이터를 기반으로 인구 이동과 세대 증감에 대해서 데이터를 보여준다. 가격변동과 마찬가지로 붉은색, 파란색 원으로 변동의 정도를 확인할 수 있다. 그뿐 아니라 인구 이동을 통해서 영향을 주는 지역을 파악할 수 있다. 이를 통해서 각 지역의 공급과 인구 이동이 서로에게 영향을 크게 미치는 지역이라는 것을 확인할 수 있다.

    서울시 강서구를 예로 들어보면 인천광역시 서구, 김포시, 고양시와 영향을 주고받는 것으로 확인된다. 추후 강서구의 아파트에 투자할 때는 영향을 주고받는 지역에서 분양 물량의 증감률에 따라 강서구에도 영향을 줄 수 있다는 것을 감안하고 가격을 확인해야 한다는 것이다.

공급

부동산 또한 재화 중 하나로 공급과 수요에 따라 가격이 달라진다. 공급에 비해 수요가 더 많으면 가격이 오르고, 공급에 비해 수요가 더 적으면 가격은 하락한다. 그래서 미래의 공급 정도를 확인하는 것이 중요한 요소인데, 이 데이터를 호갱노노에서 아파트 입주 예정 물량 메뉴를 통해 확인할 수 있다.

공급 확인 기능 사례

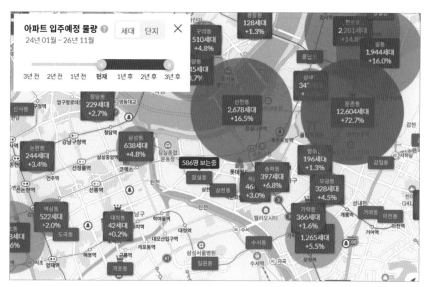

출처: 호갱노노

학원가

학원가, 또 다른 말로 학군 또한 부동산에서 굉장히 중요한 요소다. 부모들은 자녀들이 추후 성인이 되었을 때 안정적인 생활을 하길 바라기 때문에 교육에 관심을 가질 수밖에 없고, 자연스럽게 좋은 학군과 학원가가 밀집된 곳으로 이사를 고려한다. 과거에 비해서 학군의 중요성이 낮아지고 있다고 하더라도, 좋은 친구들과 안정적인 면학 분위기를 위해서도 학군은 중요하다. 특히 최근에는 학원에 대해서 더욱 의존하는 경향을 보여 학원가의 중요성은 커지고 있다. 호갱노노를 활용하면 어느 위치에 학원이 많은지부터 서울 1위와 경기도 1위 등 각 지역에서의 순위도 확인할 수 있다.

학원가 확인 기능 사례

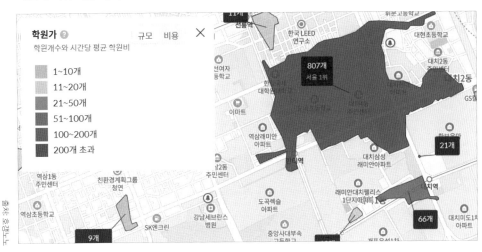

부동산의 큰 흐름 파악하기,
부동산지인

호갱노노와 더불어 다양한 부동산 빅데이터를 보여줄 수 있는 곳이 '부동산지인'이다. 호갱노노와 겹치는 부분들도 있어서 이미 호갱노노 편에서 설명한 중복된 기능들은 생략한다. 부동산지인에서 가장 중요한 메뉴는 부동산의 큰 흐름을 파악할 수 있는 지역분석이다. 다른 메뉴에도 좋은 정보들이 나오지만 가장 핵심적인 메뉴는 그 무엇보다 지역분석이라고 할 수 있다. 특히 다양한 조건값들이 나오기 때문에 데이터들을 자세히 확인하기 위해서는 스마트폰보다 컴퓨터로 확인하는 것이 훨씬 보기 좋다.

네이버부동산, 호갱노노에 비해 그래프들이 많이 보여서 어려워하는 분도 있는데, 지역분석 기능만 잘 활용해도 도움이 된다. 가장 중요한 지표들을 다 볼 수 있기 때문이다. 시장강도/시세, 거래량, 수

지역 분석 기능 사례

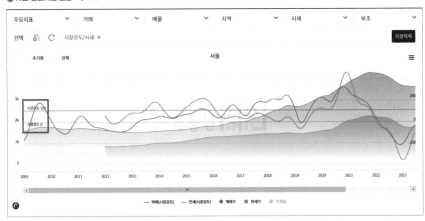

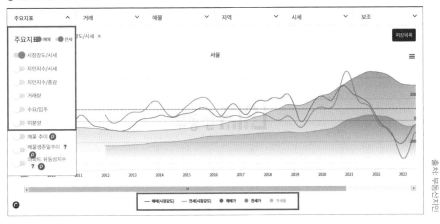

요/입주, 미분양이다. 특히 하단에 있는 매매, 전세, 매매가, 전세가,
전세율 중에서 확인하고 싶은 데이터만 확인할 수 있고, 원하지 않는
데이터가 있으면 클릭하여 데이터를 보이지 않게 할 수 있다.

거래량 분석 기능 사례

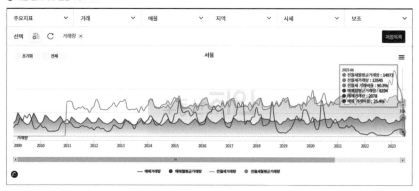

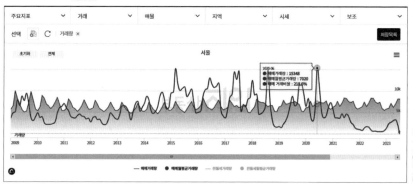

거래량을 클릭하면 월별로 거래량이 나오는데, 2023년 12월을 기준으로 매매 거래량은 약 2,000건이 나왔다. 매매량이 폭등했던 2020년 6월 서울 기준 15,348건에 비하면 아직 많이 부족한 거래량일 뿐만 아니라, 2023년 6월 기준으로 4,000건 이상으로 소폭 증가했던 추세가 다시 떨어지고 있는 양상이다. 이렇게 거래량이 다시 감소하

수요입주 분석 기능 사례

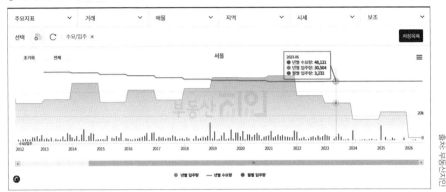

출처: 부동산지인

게 되면 사람들의 매수에 대한 심리가 줄어들게 되고 한동안 상승하기는 힘든 상황이 된다. 최소한 월평균 그래프보다 상승하는 지점이 와야 한다. 그때 이후를 상승할 수 있는 최소한의 조건으로 보면 된다.

수요/입주 데이터를 보면 다시 상승장을 준비해야 할 시기가 오고 있는 것을 알 수 있다. 2024년 서울 기준으로 수요량에 비해서 입주량이 적은 것을 볼 수 있다. 급격한 물가 상승으로 인한 금리 인상 때문에 매수에 대한 수요가 낮은 상황이다. 하지만 물가 상승률을 계산할 때는 전년도 데이터를 기준으로 하기 때문에, 특수한 이벤트가 발생하지 않는 이상 물가 상승률은 점차 낮아질 수밖에 없다. 이처럼 물가 상승률이 점차 낮아지면, 경제 성장률이 1%대인 국내 상황을 고려할 때 경제 성장을 위해서 금리를 인하할 수밖에 없을 것으로 보인다.

미분양 분석 기능 사례

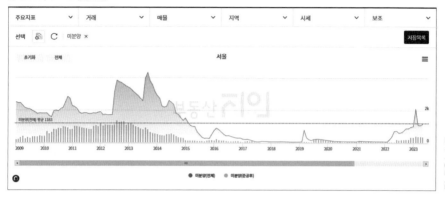

금리를 인하하게 되면 그동안의 악재가 사라지고, 서울의 경우는 수요 대비 공급 부족과 금리 인하 압박 때문에 매수세가 다시 높아지게 된다. 이때가 거래량이 늘고 가격이 상승하는 시점이다.

서울 기준 미분양 지표도 2023년 2월 기준 최고점을 찍은 후 3월부터 하락하여 상승세가 둔화하는 것을 볼 수 있다. 국토교통부에 따르면 부동산 침체로 인해 2023년부터 건설사들의 인허가, 착공, 분양 실적이 평년 대비 20% 이상 감소하고 있으며, 물가 상승으로 인해 공사비 증가로 분양가격은 올라가고 있다. 특히 한국 시멘트협회에 따르면, 시멘트 판매 기준으로 2021년 7월 기준 톤당 7만 8,800원에서 2023년 7월에는 톤당 12만 원으로 과거 2년 전 대비 50% 이상 상승했다. 이에 따라 3~4년 뒤에는 주택 공급 부족으로 인해 집값이 상승할 요인이 추가될 가능성이 있다.

상가 실거래가 확인하기, 디스코

아파트 시세 및 실거래가 정보를 확인하는 방법은 다양하다. 하지만 상가, 빌딩, 공장 등과 같은 상업용 부동산의 경우 실거래가 정보를 확인하는 것은 쉽지 않다. 이를 해결해줄 수 있는 앱이 바로 '디스

상업용 부동산 실거래가를 한눈에 보여주는 앱 디스코

코'다. 디스코는 상업용 부동산의 실거래가를 지도 위에 보기 쉽게 표시해준다.

검색 메뉴

먼저 가장 기본이 되는 메뉴로 검색 메뉴가 있다. '건물명, 지번, 도로명'으로 검색할 수 있으며, 검색하면 해당 물건의 대지, 연면적, 준공 시기 등 기본정보를 확인할 수 있다.

필터 메뉴

필터 메뉴에는 '부동산 유형, 매물, 경매, 실거래가' 등이 있으며 본인이 원하는 조건으로 검색할 수 있다. 만약 필터 기능을 사용하지

않으면 너무 많은 정보가 표시되어 정보를 탐색하는 데 불편할 수 있다. 나의 경우는 주로 아실을 활용해서 '상가/사무실'이나 '상업용 건물'로 필터를 체크해서 검색하곤 한다.

지도 메뉴

지도 메뉴를 클릭하게 되면 전체적
으로 어떤 지도 모양을 원하는지 결정
할 수 있다. 기본적인 지도 형태부터,
위성도, 지형도, 지적도 등 원하는 형
태의 지도를 선택하면 된다.

측정 메뉴

측정 메뉴를 통해서는 거리와 면
적을 측정할 수 있다. 거리를 측정하
고 싶은 거리의 양 끝점을 선택하면
된다. 면적의 경우에는 두 가지가 있
는데, 첫 번째 면적 메뉴의 경우 지
도상에서 필지별로 선택이 가능하다.
두 번째 면적 메뉴의 경우 측정하고
싶은 면적의 꼭짓점을 클릭해서 측
정할 수 있다.

평-㎡ 메뉴

표시되는 정보들을 '평'단위로 표시할지 혹은 '㎡' 단위로 표시할지를 선택하는 기능이다. 본인의 취향대로 선택하면 된다.

총액-단가 메뉴

표시되는 정보들을 '총액'으로 보여줄지 혹은 '단가'로 보여줄지 선택하는 기능이다. 본인이 원하는 정보에 따라 선택하면 된다.

기타 메뉴

기타 메뉴에는 노후도, 용적율, 연면적, 도로 접면 여부를 표시하는 기능이 있다. 지도를 확대하면 해당 기능을 사용할 수 있는데, 노후도, 용적률, 연면적이 각각 높을수록 짙은 색깔로 나타난다.

GPS 메뉴

GPS메뉴는 본인이 있는 장소에서 주변의 부동산 정보들을 빠르게 보여줄 수 있는 기능이다. 특히 이동 중일 때 매번 화면을 움직이는 것이 불편한데, GPS메뉴를 활용하면 본인의 위치 중심으로 화면이 움직여서 매우 편리하다.

상세 정보 확인 메뉴

지금까지의 기능들을 사용해서 관심이 있는 부동산을 찾았다면 해당 부동산의 정보를 클릭하면 된다. 클릭하면 다음과 같이 해당 부동산에 대한 정보가 자세히 나온다.

경매 물건 확인 및 아파트 비교하기, 아실

'아실'(아파트 실거래)의 경우 다른 앱과 같이 빅데이터를 활용해서 정보를 제공해주는 앱이다. 그중에서 활용하기 좋은 기능으로는, 지도 기반으로 개발사업과 경매물건을 같이 검색하는 기능, 매수하고자 하는 아파트의 가격 추이를 비교하는 기능이 있다.

지도 기반으로 개발사업과 경매물건을 함께 검색

경매 입찰할 때 대부분 사람은 유료 경매 사이트를 활용해서 입찰한다. 내가 자주 사용하는 기능은 '지도 검색'이다. 이 메뉴를 통해 경매 물건들을 찾는다. 하지만 부동산 투자를 할 때 지도 기반으로 경매물건, 재건축, 재개발, 리모델링 등과 같은 개발사업 위치를 동시

유료 경매 사이트 지도 검색 기능 사례

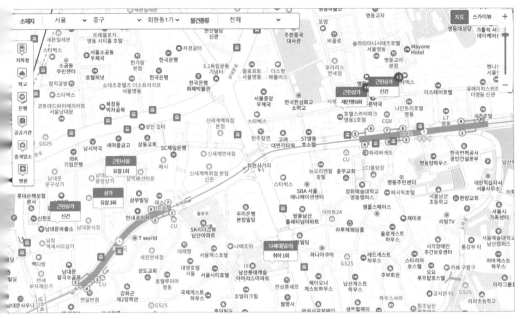

출처: 행꿈사옥션

에 알 수 있으면 수익을 더욱 극대화할 수 있다. 가장 대표적으로는 개발사업 구역 내에 있는 경매물건의 경우, 추후 조건에 따라서 아파트 입주 시 입주권을 받을 수 있다. 또한 개발사업이 진행되면 세대수가 증가하는데, 이로 인해 유동인구가 많아질 것을 예상하고, 주가 되는 동선 자리에 상가 및 꼬마빌딩을 투자할 수도 있는 것이다.

인터넷 사이트나 앱을 통해 아실에 접속하게 되면 오른쪽에 '경매공매' 메뉴가 있다. 해당 메뉴를 클릭하면 경매 및 공매 여부, 물건 종류 검색, 경매 진행 단계, 최저가격 및 유찰횟수를 확인할 수 있다.

경매 및 공매 검색 기능 사례

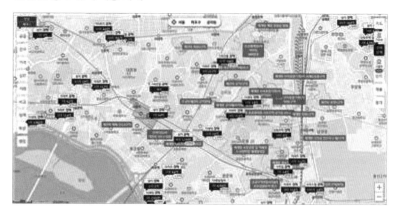

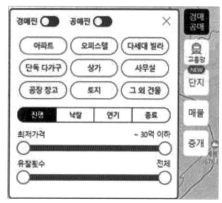

출처: 아실

본인이 경매로, 상가 물건 중 5억 원 미만이면서 1회 유찰된 물건을 찾는다고 한다면, 위의 조건들에 필터를 걸고 지도를 보면 된다. '경매 공매' 필터를 걸고 지도를 찾아보면 검은색 표시가 눈에 띄는데 이것이 경매로 나온 물건이다. 꽤 많은 경매 물건들이 존재한다는 걸 알 수 있다.

매수하고자 하는 아파트 비교하기

　지역별로 그리고 아파트별로 상승 사이클이 다르다. 같은 서울이
라도 강남구, 마포구, 중랑구 각각의 사이클이 다르고, 같은 강남구
라도 아파트별로 움직임이 다르다. 원리는 상급지가 먼저 움직이고,
그 다음에 중급지 그리고 하급지가 움직이는 원리다. 그뿐 아니라 같
은 구 안에서도 1등, 2등, 3등이 다르게 움직인다. 아실의 '여러 단지
비교' 기능을 사용하면 그들의 움직임을 한눈에 알 수 있다.

강남구 마포구 중랑구 아파트 비교

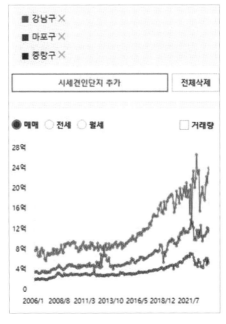

출처: 아실

PART 5

자본주의 투자 상식

재테크 입문자라면
꼭 봐야 하는 '이것'

당신의 하루 루틴은 어떻게 시작되는가?

나의 경우 전날에 계획했던 오늘 하루 일정 목표들을 체크하고, 올해 목표들을 되새기면서 마음을 다잡는다. 그리고 주로 경제신문을 잠깐이나마 읽는다. 바쁜 날이어도 잠깐이지만 경제신문을 보면서 흐름을 읽으려고 노력한다. 사회초년생 때부터 경제신문을 종이로 읽었는데 처음에는 어렵지만 읽다 보면 종이 경제신문의 매력에 빠져들게 된다.

"글을 모르면 사는 데 불편한 정도지만 금융을 모르면 생존 자체가
어려우므로 금융 문맹이 문맹보다 더 무섭다."

- 전 연준 의장 앨런 그린스펀

경제신문은 이렇게 읽으세요

경제신문을 읽으면 좋다는 이야기는 많이 들었을 것이다. 그런데
막상 경제신문을 읽으려고 하니 어떤 신문을 읽어야 할지, 어떤 포
인트로 읽어야 할지 고민이 생길 수 있다. 특히 경제신문을 구독하고
읽고 있는데도 여전히 변화를 체감하지 못해 답답함으로 경제신문
구독을 취소하는 사람도 종종 있다. 기억하라. 경제신문을 읽기 전에
는 '본인만의 목표'를 세운 이후 읽어야 재미가 생기고 변화도 생긴
다. 나의 경우 부동산 투자를 하기 위해 전체적인 경제의 흐름을 파
악하자는 목표를 세우고 투자한 결과 조금씩 경제 전망을 할 수 있게
되었고 투자 인사이트도 갖추게 되었다.

종이신문을 읽어야 하는 이유

"핸드폰으로도 손쉽게 접할 수 있는 뉴스를 꼭 종이신문으로 봐야
하나요?" 주위에 경제신문 구독을 추천하면 위와 같은 질문을 받는
다. 물론, 핸드폰으로도 신문을 볼 수 있다. 인터넷 기사를 볼 수도 있

고, 유료 버전의 디지털 신문을 볼 수도 있다. 하지만 처음 경제신문을 읽기 시작하는 분들께는 종이신문을 추천한다.

먼저 구독료가 아깝다는 이유로 인터넷 기사들을 보게 되면, 옆에 보이는 연예, 정치, 스포츠 기사로 시선이 간다. 경제 기사를 보다가도 종종 다른 분야의 기사들을 읽고 있는 자신을 발견할 수 있을 것이다. 뿐만 아니라 유료 신문과 달리 중요도가 높은 기사를 판별해주지 않아 불편함이 크다.

그럼 매경e신문이나 모바일한경과 같은 유료 버전의 인터넷 신문은 어떨까? 별로 대수롭지 않게 생각할 수 있지만 겪어본 사람은 아는 단점은 다음과 같다. 물론 종이신문을 그대로 옮겨 놓은 것이지만, 아무래도 종이신문에 비해 화면 크기가 작아서 매번 확대해서 봐야 하는 불편함이 있다. 신문을 읽는 습관을 만들어야 하는 상황에서 이러한 불편함은 방해가 된다. 스마트폰을 가지고 읽다 보니 '카톡'과 같은 메신저나 전화가 걸려 오는 경우 신문 읽기를 미루게 되는 경우도 생긴다. 따라서 신문을 읽는 습관을 만들기 위해 종이신문을 읽는 것을 추천한다.

어떤 신문사가 좋을까?

종이신문으로 읽기를 결정했다면 신문사를 고를 차례다. 그렇다면 메이저 경제신문사인 〈매일경제〉와 〈한국경제〉 중 어디 신문사가 좋을까? 두 곳 모두 양질의 경제기사를 제공하는 곳이지만 선택하기 어렵다면 편의점에서 각각 1부씩 구매해보고 본인의 취향에 맞는 신문을 선택하는 것이 맞다. 하지만 그래도 정하기 힘들다면 매일경제신문을 추천한다. 매경출판의 저자로서 매일경제신문의 경쟁사인 한국경제신문이 좋다고 말할 수도 없지만 그 외에도 이유는 더 있다. 매일경제신문이 한국경제신문보다 좀 더 중도의 관점에서 바라볼 수 있게 하는 장점이 있다. 한국경제신문의 최대 주주는 현대자동차(20.55%)이고, 우리나라 4대 그룹이 약 75%의 지분을 보유하고 있으므로 기업 친화적인 입장에서 기사를 작성할 수밖에 없다. 따라서 보수적인 견해의 기사들이 많은 비중을 차지하기 때문에 좀 더 객관적인 시선에서 기사를 제공하는 매일경제신문을 추천하는 바다.

경제신문 어떻게 읽어야 할까?

처음 경제신문을 읽기 시작하는 사람들이라면, 대게 모든 면을 자세히 읽기 시작한다. 처음 접하는 경제용어 때문에 이해가 안 되는 부분도 있는데, 모든 면을 읽다 보면 지루해지고 더 이상 경제신문을 읽기 싫어진다.

경제신문을 먼저 접한 사람으로서, 어떻게 하면 꾸준히 경제신문을 읽으면서도 핵심내용을 놓치지 않고 잘 읽을 수 있을까 고민했다. 결론적으로 나의 노하우는 기사 제목은 꼭 읽되, 더 관심이 가는 기

경제신문 제목과 서브타이틀 사례

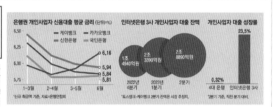

年4%대 파격금리 … 인뱅, 자영업대출 '집중'

출처: 매일경제신문

사의 경우 첫 문단을 읽어보는 것이다. 첫 문단을 모두 읽고 더 궁금하다면 그때는 계속 읽어도 좋다. 오히려 모든 면을 다 읽어야 하는 강박관념에 시달리면 신문을 지속해서 읽기 힘들다. 특히, 일정이 바빠서 신문을 읽는 것을 놓쳐서 신문이 쌓이는 경우가 있을 것이다. 그래서 읽지 못한 신문들을 한꺼번에 읽는 경우가 있는데, 이때는 읽지 못한 신문들은 과감히 버리는 것이 좋다. 쌓인 신문들을 보면 다 읽어야 한다는 생각에 일이 되어버리기 때문에 신문 읽는 것을 포기할 수도 있다. 오늘 신문을 먼저 읽는 것이 낫다.

경제신문을 읽으면 돈이 된다

경제신문에서는 금리, 환율, 물가, 코스피 지수 등 다양한 지표들을 다룬다. 이런 지표들을 매일 보는 사람과 그렇지 않고 살아가는 사람들 사이에는 어떤 차이가 있을까? 경제신문을 계속 읽고 있었던 나의 경우 코로나로 인해 금리가 최저점을 달릴 때 미래에는 이보다 낮은 금리 대출이 힘들 것임을 알았기에, 대부분 고정금리 대출을 받았다.

나의 경우 아파트 구입 자금은 2.6%에 고정금리로 대출을 받았으며, 수익형 부동산들은 대게 3.1~3.3%에 고정금리로 대출을 받았다. 물론 마이너스 통장 등 일부 대출들은 변동금리로 받아 5.5~6.3%까지 금리가 많이 올랐지만, 사용하지 않고 비상용으로 열어둔 대출이라 대출금리가 급상승했어도 큰 영향은 없다. 이에 따라 현재는 아파트 갈아타기를 준비하며 시장을 주시하고 있다.

이외에도 환율이 1,400원을 돌파할 당시 가지고 있던 달러들을 모두 매도한 경험, 코로나로 인해 주식이 급락하고 1~2개월 정도 뒤부터 분할매수를 통해 단기간에 30~40% 차익을 얻을 수 있었던 경험, 2021년 말부터 물가 상승으로 인해 금리가 상승하기 시작하자 일부 부동산 물건들을 매도함으로써 추후 하락장을 대비한 경험 등은 모두 경제신문 덕분이었다.

'국영수'보다 중요한 '환물금'

환율, 물가, 그리고 금리 제대로 알기!

학창 시절 '국어, 영어, 수학 위주로' 공부하는 게 중요했다면, 경제생활을 시작한 이후에는 환율, 물가, 금리 위주로 공부하는 것이 매우 중요하다. 국영수는 좋은 대학교에 입학하는 데 필요한 것이지만, '환물금'은 생존을 위해서 필수적으로 알아야만 하는 것들이다. 특히, 환물금은 서로서로 연관성이 높아서 함께 알아두는 것이 필요하다. 국영수를 잘하지 못해도 부자가 될 수는 있지만, '환물금'을 모르고 부자 되기는 힘든 세상이다.

가장 중요한 지표, 환율

환율이란 두 나라의 화폐 가치를 비교한 값이다. 내수시장보다 수출시장 의존도가 더 큰 우리나라의 경우 환율에 민감하게 반응한다. 환율이 중요한 이유는 환율이 오르고 내림에 따라서, 국가의 경제 상황, 기업의 실적에 큰 영향을 미치기 때문이다. 물건의 가격도 수요와 공급에 의해 정해지듯, 달러도 수요와 공급에 따라 가격이 달라진다. 잠깐 환율 표기에 관해서 설명하자면, '기준 통화 대 상대 통화'로 보면 쉽다. 예를 들어, 1달러가 1,000원이라면 "달러·원 환율은 달러당 1,000원"이라고 읽는다. 특히 '달러·원'이라고 말해야 하는지 '원·달러'로 말해야 하는지 헷갈리는 사람들이 많은데 이럴 땐 두 통화 가운데 분수 개념을 넣으면 쉽게 이해된다. '달러·원'이라면 '달러/원' 즉, 기준 통화인 달러가 분자가 되고, 상대 통화인 원화가 분모가 된다.

$$\frac{달러}{원} = \frac{\$1 = 1,400원}{1원} = 1,400원$$

다시 돌아와서, 달러·원 환율의 변동 이유로는 각국의 금리, 통화량, 무역수지, 안전자산 선호 현상 등이 있으며, 다양한 이유로 환율이 오르락내리락한다. 첫 번째, 금리의 경우 미국이 우리나라에 비해서 금리를 월등히 올려 차이가 크게 날 경우, 미국에 예금하면 금리를 더 주기 때문에 달러에 대한 수요가 올라가게 되고, 이로 인해 달러·원 환율이 올라간다. 두 번째, 무역수지의 경우 우리나라가 무역수지 적자를 보이면 환율이 올라간다. 앞서 말한 것과 같이 환율은 수요와 공급에 의해 결정된다. 만약 무역 수지 적자가 생기면 그만큼 달러를 못 벌어왔다는 뜻이고, 달러의 공급이 줄어들기 때문에 달러·원 환율이 올라간다. 세 번째, 전쟁과 같은 위기 상황이 발발할 경우 안전 자산 선호 현상으로 인해서 달러·원 환율이 올라가게 된다. 달러의 경우 미국이라는 신용등급이 매우 우수한 국가의 화폐이며, 화폐 유동성 문제로 인해 결제 의무 이행 문제가 발생할 가능성이 매우 낮다. 그뿐 아니라 시장 상황에 크게 흔들리지 않기 때문에 안전자산으로 평가받으며, 위기 상황이 발생하면 달러의 가치가 커지기 때문에 원화를 팔고 달러를 사는 경향이 강해져 환율이 올라가는 것이다.

물건의 가격, 물가

물가란 쉽게 말해서 물건의 가격이다. 다만, 하나의 물건 가격이 아니라 여러 가지 상품들의 가격을 합쳐서 전체적인 움직임을 알 수 있도록 한 것이다. 정부에서는 이를 '물가지수'로 만들어 매달 발표하며 상품 가격의 변화를 살핀다.

그렇다면 물가는 왜 상승하고 하락할까? 가장 큰 이유로는 앞서 설명한 환율 때문이다. 우리나라는 원자재가 부족한 국가이기에 해외에서 대부분의 원자재를 수입한다. 이로 인해서 환율에 영향을 많이 받는다. 그래서 환율이 상승하면 물가가 상승한다. 예를 들어, 달러·원 환율이 1,000원에서 2,000원으로 상승하게 된다면, 수입하는 기업으로서는 기존 수입 금액 대비 2배 이상 상승하는 것이다.

그렇다면 물가가 지나치게 상승하면 부동산에는 어떤 영향이 있을까? 먼저 물가가 오르면 소비자들은 소비를 줄이게 된다. 이로 인해 기업의 매출이 감소하고 기업은 고용과 투자를 줄인다. 이렇게 되면 근로자의 소득이 줄어들고 또 다시 소비가 줄어들게 된다. 결국 경제가 악화되는 악순환을 가져오는 것이다. 정부에서는 물가 상승을 막고자 기준 금리를 인상하게 된다. 금리를 인상하게 되면 시중에 있던 돈이 더 높은 이자를 받기 위해서 은행으로 몰려들고, 그만큼 부동산에 있던 돈이 감소한다. 결국 유동성이 줄면서 부동산 가격이 하락한다.

물가가 계속 하락하면 부동산에는 어떤 영향을 미칠까? 먼저 물가가 지속적으로 하락하면 소비자들은 소비를 줄인다. 어차피 시간이 지나면 물가가 하락해서 더 저렴하게 살 수 있다고 생각하기 때문이다. 기업들은 상품을 만들면 만들수록 손해를 보기 때문에 생산을 줄이고 이로 인해 실직자가 증가한다. 결국 근로자의 소득이 줄고, 또 다시 소비가 줄어서 경기에 악영향을 미친다. 그래서 정부에서는 물가하락을 막기 위해 기준 금리를 내린다. 기준 금리를 내리면 예적금 금리가 내려가게 되고, 사람들은 낮은 이자를 받는 대신에 부동산에 투자하려는 수요가 증가한다. 이렇게 유동성이 늘어나면서 부동산 가격이 상승한다.

돈의 가치, 금리

금리란 한 마디로 돈의 가치다. 그래서 물가가 오르면 금리의 가치는 떨어지게 되고, 물가가 하락하면 금리가 오른다. 즉, 금리와 물가는 반비례한다. 우리나라에는 금리를 통해 물가를 관리하는 것을 주설립 목적으로 하는 기관이 있다. 그곳은 바로 한국은행이다. 정확히 말하면, 한국은행 내에 설치된 금융통화위원회(약어로 금통위) 회의에서 기준 금리 조정 여부를 결정한다. 금통위 회의는 매년 총 8회(1월,2월,4월,5월,7월,8월,10월,11월)에 걸쳐 둘째 주 목요일에 진행한다. 나의 경우 항상 금통위 회의날짜는 표시해두고, 금통위 결과 기사를 주의 깊게 보는 편이다.

부동산 투자 측면에서 금리가 부동산에 직접적인 영향을 주기 때문에 가장 중요한 요소 중 하나다. 금리의 종류로는 크게 기준금리와 시장금리가 있다. 기준금리는 한국은행에서 결정하는 금리이고, 시장금리는 기준금리를 바탕으로 시장에서 정한 금리다. 하지만 기준금리와 시장금리는 항상 동일한 방향으로 움직이지 않는다. 그래서

한국은행 기준금리 추이

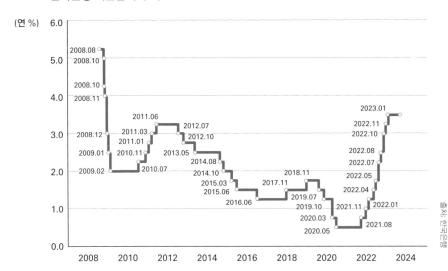

우리가 주목해야 할 금리는 시장금리다. 부동산에 직접적인 영향을 주는 것은 시장금리이기 때문이다. 기준금리와 시장금리의 방향은 다르게 움직이는데 시장 참여자들이 기준금리를 바탕으로 미리 예측하고 움직이기 때문이다. 부동산 투자 측면에서 금리가 부동산에 직접적인 영향을 주기 때문에 가장 중요한 요소다. 다만, 변화를 예측할 수 있기 위해서는 앞서 말한 환율, 물가, 금리가 매우 중요하며 각각의 요소들의 영향을 살펴보면 다음과 같다.

1) 환율 상승 -〉 물가 상승 -〉 금리 인상 -〉 부동산 하락

2) 환율 하락 -〉 물가 하락 -〉 금리 하락 -〉 부동산 상승

부동산 투자 사이클에 맞는
확실한 투자 기준 세우기

부동산은 장기적으로 상승하지만, 단기적으로 자세히 보면 상승과 하락이 공존한다. 물론 상승 때 수익을 보고, 하락장 직전에 팔고, 하락장 때 낮은 가격에 매수하는 것을 반복하면 제일 좋다. 하지만 우리가 모든 타이밍을 맞추는 것은 불가능에 가깝기에 상황에 맞게 대응하는 것이 가장 중요하다.

하락장에는 어떤 투자를?

투자는 어떤 시기에 하는 것이 좋을까? 2022년부터 부동산이 크게 하락하면서 대출을 무리하게 받았던 분들은 힘든 시기를 겪고 있다. 반면, 무주택자의 경우에는 이런 하락장을 잘 활용하여 내 집 마

서울 아파트 매매 지수

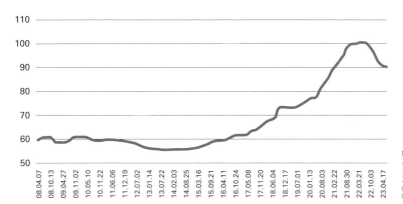

출처: KB부동산

련을 하고 싶은 분들도 있을 것이다. 그럼 언제쯤이 저점을 맞이하여 내 집 마련을 하기 좋은 시기일까? 그리고 앞으로 어떤 시점에 투자하는 것이 좋을까?

부동산 하락장이 오면, 사람들은 더 이상 부동산 이야기를 자주 하지 않는다. 하지만 오히려 하락장 시기일수록, 사람들이 부동산에 관심이 없는 시기이므로 좋은 매물을 좋은 가격에 살 수 있다. 그렇다면 요즘과 같은 하락장에는 어떻게 투자하는 것이 좋은 방법일까?

경매를 통해 매수하는 것을 추천한다. 특히 금리도 높은 상황에서, 상가와 같은 수익형 부동산을 경매로 저렴하게 매수한 뒤에 월세를 세팅하기에 매우 좋다. 부동산이 침체에 빠져 시세차익을 얻기 힘들뿐만 아니라, 상가의 경우 수익률에 따라 매매가가 결정되는데 금리

부동산 경기 변동 그래프

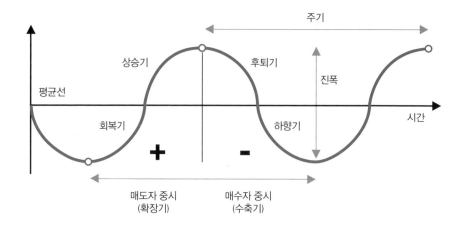

가 인하되면 그 시세차익은 엄청나게 커질 수 있기 때문이다.

예를 들어, 월세 200만 원 물건을 현재 금리 4%로 계산하면 매매가는 6억 원이다. 하지만 만약 금리가 인하되어 3%로 계산한다면 매매가는 8억 원이다. 해당 물건을 경매로 4억 원에 낙찰받아 80%인 3억 2,000만 원을 대출받고 8,000만 원을 투자한 뒤에 임차인 보증금 3,000만 원을 받는다면 총 투자금은 5,000만 원이다.

이자는 보수적으로 5%로 받는다고 했을 때 월 130만 원 정도 나오고, 월세가 200만 원 나온다면 매달 70만 원씩의 순수익이 발생할 수 있다. 이 정도 월세 수익이라면 그렇게 어려운 수준은 아니다.

월세	2,000,000원
연 수익	24,000,000원
매가(4% 기준)	600,000,000원
매가(3% 기준)	800,000,000원

경매낙찰가	400,000,000원
대출(80% 기준)	320,000,000원
임차보증금	30,000,000원
투자금	50,000,000원
월세	2,000,000원
월 이자(5% 기준)	1,333,333원
월 순수익	666,667원

하락장 이후 보합장에는 어떤 투자를?

전세가를 활용하는 소형 아파트 갭 투자를 추천한다. 부동산 하락장이 길어지면 사람들은 아파트를 구매할 생각을 하지 않는다. 과거에는 '하우스푸어'라며 내 집 마련을 한 사람들을 비웃기도 했다. 그렇다면 사람들은 어찌 되었든 거주할 집이 필요한데 어떻게 거주할까? 대부분 전세로 거주하게 된다. 이로 인해 주택가격은 하락하는데 전세 수요는 높아져서 전세가격은 오르게 되는 것이다.

주택가격이 하락하고 전세가격이 높아지면, 주택가격과 전세가격의 차이는 좁혀지고, 높아진 전세가격으로 인해 전세 수요자의 주택 매수로 이어지게 된다. 이럴 때 주택가격과 전세가격의 차이가 작아져 거의 비슷한 단계에 이르면 갭$_{Gap}$ 투자*가 생기고, 갭 투자자들로 인해서 매수 수요는 더 높아져서 매매가가 올라가게 된다.

특히 이런 시기에는 소형 아파트 투자를 하는 것이 좋다. 가격이 하락하여 갭이 줄어들었을 뿐만 아니라, 소형 아파트로 가격대가 상대적으로 저렴하여 중대형 아파트에 비해 투자 금액이 적게 들어간다. 투자자가 조금씩 들어오기는 하지만, 보합장에서는 실수요자들도 매수를 하기 때문에 실수요자들이 좋아하는 신축 아파트 선호 현상도 커진다. 실수요자들은 미래의 가치보다 현재의 가치를 중요하게 생각하기 때문이다.

상승장에는 어떤 투자를?

상승장 초입에는 어떤 투자를 하는 것이 좋을까? 상승장 초입에는 상급지의 아파트 갭 투자, 중대형 아파트 갭 투자 혹은 분양권 투자를 하는 것이 좋다. 정부의 부동산 시장 활성화 정책으로 하락장과는 다른 분위기를 보인다. 미분양 아파트가 줄어들며, 거래량이 전세 거

---

* 갭 투자는 시세 차익을 목적으로 주택의 매매가격과 전세가격의 차액이 작은 집을 전세를 끼고 매입하는 투자 방식이다.

래량을 앞지른다. 매매 거래량도 서울 기준으로 평균 6,000건 이상을 웃돈다(서울시 부동산정보광장 전체 데이터 기준).

부동산 투자에서 입지가 중요한 요인인데, 입지가 좋은 지역부터 상승장을 타기 시작한다. 그래서 소위 말하는 A급 지역인 강남을 시작으로 판교, 분당, 광교 순으로 상승하는 것을 볼 수 있다. 이렇게 상승장에 들어서게 되면 상급지와 하급지 차이, 그리고 중대형과 소형 평수의 가격이 급격히 벌어진다. 이로 인해 상승장이 진행되면 상급지 매수는 힘들어지는데, 상승장 초입에는 상급지를 매수하는 것이 상대적으로 쉽다.

예를 들어, 하락장 이후 보합장 때 상급지의 20억 원 아파트와 중하급지의 10억 원 아파트가 있다고 해보자. 상승장이 오면 똑같이 비례하여 상승하면 좋겠지만, 상승장 때는 상급지의 아파트가 먼저 치고 나가고 상승률 또한 먼저 올라간다. 특히 서울의 상급지 아파트는 사치재 성향을 보이기도 한다. 똑같이 거주할 수는 있지만 사는 지역이 신분이 된 요즘 사회에서 상급지의 아파트가 훨씬 더 수요가 많기 때문이다.

또한 상승장 때 벌어진 소형 평수와 중대형 평수의 가격 차이가 하락장 이후에는 상대적으로 줄어든다. 하락장 때 상급지와 중하급지의 가격 차이가 줄어드는 것과 같이, 소형 평수와 중대형 평수의 가격 차이도 줄어들기 때문에 상승장 초입에는 중대형 평수로 갈아타는 것이 현명하다.

이외에도 분양권 투자를 하는 것이 좋다. 분양부터 입주까지 평균 2년 이상의 시간이 소요되고, 분양가는 이미 확정되었기 때문에 상승장에서 주변 아파트의 가격이 오른다면, 분양가와 시세차이가 발생하면서 분양가에 프리미엄$_p$이 형성된다. 특히 분양가의 10~20% 인 계약금으로 투자할 수 있어 비교적 적은 돈으로 투자할 수 있다. 예를 들어, 분양가가 4억 원이라면 4,000만 원으로도 투자가 가능한 것이다.

상승장 끝무렵에는 어떤 투자를?

상승장 끝무렵에는 외곽 지역 갭 메우기 및 정비사업과 관련된 투자처가 많이 오른다. 상승장 때는 상급지에 비해서 상대적으로 덜 오른 중하급지와 재건축, 재개발 등 정비사업에 대한 투자가 많이 이루어진다. 상급지의 가격이 너무 많이 올라서 투자하기 힘들 뿐만 아니라, 상급지에 비해 비교적 저렴한 중하급지에 대한 투자가 늘고, 그 동안 벌어진 가격 차이가 메워지면서 투자가 이루어진다.

뿐만 아니라 상급지에 투자하고 싶지만, 이미 대출 규제 등 정부 규제 등이 이뤄진 상황에서 상급지역 투자가 힘들어진다. 이런 시기에는 비교적 투자금이 적게 들어가는 재개발, 재건축, 호재 등에 대한 투자가 많이 이루어진다. 예를 들면, 도심 내 재건축 및 재개발 가능성이 있지만, 아직 소식이 없는 공시지가 1억 원 미만 빌라 등에 대한 투자다.

이렇게 상승 및 하락 시기마다 좋은 투자처를 알고 있다면, 다음 단계가 오기 전에 미리 길목을 지키고 있다가 투자를 할 수 있다. 상승과 하락 시기에 맞는 투자방법에는 차이가 있기 때문이다.

왜 부자들은 항상
한 발짝 빠를까?

한 발짝 빠른 투자, 무엇을 봐야 할까? 대부분의 사람들은 부자가 아니다. 그래서 대중과 같이 행동하면 부자가 될 수 없다. 그렇다면 부자는 어떤 점들이 다를까? 부자들은 남들이 살 때 팔고, 남들이 팔 때 산다. 그렇다면 어떤 기준으로 부자들은 먼저 팔고 먼저 살까? 가장 보편적인 아파트를 기준으로, 매수 적기를 볼 수 있는 가장 중요한 지표는 금리, 정부정책, 미분양지수 및 전세가율이다.

경제라는 것은 큰 흐름의 순환 주기가 있다. 따라서 투자를 잘하기 위해서는 부동산 종목, 지역 혹은 주식 종목 등 세부적인 투자 분야뿐만 아니라 큰 줄기인 거시경제를 보는 것이 필수다. 이외에도 주택구입 부담지수, 거래량, 세대수, 경기종합지수 등에 주목해야 하는 것은 맞지만, 큰 흐름 면에서 더 주목해야 할 지표는 금리, 정부 정

주택가격 변동에 대한 결정요인의 기여도 분석(샤플리 분해) 결과

변수	한국부동산원 아파트 매매 가격지수 기준	한국부동산원 실거래 가격지수 기준	KB 아파트매매 가격지수 기준
금리 (기준금리)	60.7	45.7	56
대출규제 (대출태도지수)	17.9	13.4	19.3
주택공급 (준공물량)	8.5	18.4	11.9
인구구조 (세대수)	8.5	11	10.3
경기 (경기종합지수)	4.4	11.5	2.5

※ 표의 수치 단위는 %이며, 각 열의 합계는 100%임(자료기간: 2011년 1월~2021년 12월)

책, 미분양지수 및 전세가율이라고 본다. 우선적으로 살펴봐야 할 사항은 다음과 같다.

첫 번째로 금리다. 2023년 7월 기준, 부동산이 많이 하락했음에도 서울 아파트 평균 매매가격은 약 13억 원이다. 현금으로 아파트를 매수하는 사람들도 있지만, 13억 원 현금을 가진 사람은 극히 드물기 때문에 대부분의 사람들은 대출을 활용한다. 대출을 받아야 하는데 금리가 많이 상승하면 부담이 많이 되기 때문에 금리는 자연스럽게 부동산 매수에 큰 영향을 미친다. 예를 들어, 금리가 최저점이었던 2021년에는 주택담보대출금리가 2~3%대였던 반면 최고점인 2023

년에는 5~6%대의 금리였다. 예를 들어, 10억 원의 아파트를 매수할 때 50% 대출받는다고 가정하고 금리 3%와 6%의 월 이자만 계산했을 때 3%의 경우 125만 원인 데 반해 6%의 경우 250만 원으로 금액 차이가 상당하다. 당연히 금리가 낮아지면 대출을 활용한 주택 구매력은 올라가게 되어 주택 수요가 상승하고, 이로 인해 주택가격은 상승한다.

두 번째로 정부정책이다. 부동산 하락장 이후 최저점에 가까이 오게 되면, 정부는 수요를 올리기 위해서 대출규제 완화, 취득세 완화, 양도세 완화 등과 같은 정책을 펼친다. 지방자치단체에서 부동산 취득세는 중요한 세수원이고, 정부인 국세청으로서는 양도세가 매우 큰 세수원이다. 하락장이 지속될수록 사람들은 미래에도 가격이 더 하락할 것이라는 생각을 하게 되고, 이렇게 되면 거래가 없어져서 세금이 줄어든다. 뿐만 아니라 부동산 가격에 비례하여 세금을 매기기 때문에 부동산 가격이 하락하면 세금이 더욱 줄어든다.

정부는 세수를 늘리기 위한 마지막 카드로 거래 활성화를 위해, DSR이라는 대출을 완화하고, 취득세를 완화하게 된다. 급하게 거래 활성화를 시도하는 것이 아니라 서서히 거래 활성화를 위해 시장 상황을 보면서 카드를 조금씩 던져주는 것이다. 만약 부동산 하락으로 인해 갑자기 모든 규제를 완화하면 부동산 시장은 다시 급등하게 되고, 이 또한 정부 입장에서는 원치 않는 결과를 초래하기 때문이다.

세 번째로 미분양지수 및 전세가율이다. 정부 규제 완화, 미분양

해소 대책, 분양가 할인 등에 힘입어 미분양 물량이 감소한다. 과거 이명박 정부 때 미분양 물량 해소를 위해 지방 미분양 주택 매입 시 취등록세 50% 감면 정책, 양도세 중과 배제, LTV 상향 조정 등의 정책을 펼쳤다.

특히 이렇게 미분양 물량이 많아지면, 분양 이익을 얻지 못하는 건설사, 그중에서도 취약한 지방의 중소 건설사들은 도산할 수밖에 없다. 이렇게 건설사들이 폐업하게 되면 한동안 분양으로 인한 물량은 줄어들고, 이는 상승장이 시작될 때 폭등이 시작되는 기반이 되는 것이다.

특히 주택가격이 폭락하면서 오히려 열심히 내 집 마련을 해낸 사람을 비웃는 현상이 발생한다. 과거에는 '하우스푸어', 최근에는 '영끌족'이라는 용어가 등장했다. 주택가격이 폭락해도 사람들은 거주할 곳이 필요하므로 전세로 거주하는 현상이 생겨난다. 그렇게 전세 수요가 올라가면서 전세난이 발생한다.

이미 2012년에 우리나라의 부동산은 이제 끝이고, 부동산으로 돈 벌 수 있는 일은 이제 없을 것이라는 말이 속출했던 바 있다. 신문에는 전세난으로 고통받는 기사들이 많이 보였고, 이렇게 올라간 전세 수요로 인해 매매가격과 전세가격 사이의 격차는 줄어들다가 점차 비슷해졌다.

2024년 2월 기준 금리는 우리나라 3.5%, 미국 5.5%로 높은 상황이며, 정부 정책은 규제지역 해제, 전매제한 및 거주의무 개선, 중도금 보증 제한 폐지 등 조금씩 완화하고 있지만 완벽히 완화되지는 않은 상태다. 그리고 전국 미분양 물량은 2023년 11월 약 7만 5,000개로 근래 최고점을 찍고, 2023년 1월 기준 약 5만 8,000개로 계속 감소하는 추세이며, 전세가율은 2023년 12월 전국 기준 약 63.4%로 조금씩 상승하고 있다.

위와 같은 상황을 종합적으로 고려해봤을 때, 앞으로 부동산 상황이 급격하게 좋아질 가능성은 작지만, 금리가 낮아지고 세수 증가를 위해서 정부에서 완전히 부동산 규제를 풀 때 부동산은 조금씩 상승장이 될 것이다. 특히 총선이 있는 2024년에 이러한 정부 규제를 일부 풀 것으로 예상된다. 2023년 고점을 맞이한 금리가 2024년에 하락한다면, 장기적으로 봤을 때 2024년이 부동산을 투자하기 좋은 해가 되지 않을까 싶다.

하락장이 지속된다면 사람들은 더 이상 부동산에 관한 이야기를 하지 않을 것이다. 하나둘씩 부동산 시장에서 떠날 수도 있다. 따라서 남들이 공부하지 않을 때 공부하는 게 부자가 될 수 있는 기회를 잡는 가장 좋은 시점이다. 부동산에 관심을 두다 보면 결국 시장에 끝까지 남아 있는 사람만이 부동산 투자에서 성공할 수 있는 것이다.

임장 가기 전에,
무엇을 조사해야 할까?

임장이란 무엇인가?

임장이란 부동산 이용 실태를 살펴보기 위한 것이다. 즉, 내가 원하는 아파트, 상가, 토지, 지식산업센터, 토지 등에 직접 가보는 것이다. 직접 방문해서 주위 환경과 여러 가지 요건들을 직접 확인하는 것을 임장이라고 한다. 그런데 이미 온라인으로 정보가 너무 많은 현대사회에서 우리가 임장하는 이유는 무엇일까? 입지를 익히고, 가격을 확인하며, 저평가되어 있는 가치 있는 물건을 찾기 위한 것이다. 특히, 투자 목적이든 실거주 목적이든 부동산에서 환경은 중요한 요소이기 때문이다. 극단적인 예로, 너무나도 높은 언덕이 있어서 걸어다니기 힘들다면, 매수를 원하는 집 옆에 유흥시설이 있다면, 매수를 원하는 사무실 옆에 쓰레기처리장이 있다면 당연히 매수를 꺼릴 것이다.

하지만 아무런 준비 없이 원하는 지역에 가게 되면 받아들이는 정보에도 한계가 있고, 이미 너무 올라버린 지역에 투자할 수도 있다. 다만, 사회초년생일 경우 아직 투자 여력이 되지 않았다면 살고 싶은 지역이나 아파트를 다녀보는 것을 추천한다. 이왕 데이트할 것이라면 미래에 살고 싶은 지역 위주로 다녀보는 것이 목표 설정도 하고 꿈을 키울 수 있는 좋은 기회라고 생각한다. 실제로 나도 지금의 아내와 데이트할 때 한남동, 압구정동, 마곡동, 잠실동, 청량리동을 돌아다니면서 꿈을 키우곤 했다.

임장 가기 전 사전 조사

사전 조사는 어떻게 해야 할까? 사전 조사는 임장을 가기 전에 중요한 단계다. 본인이 실거주할 경우를 가정해서 조사 방법에 관해 설명해보는 것을 추천한다.

본인의 소득 내에서 출퇴근 가능 지역 3곳을 선정한다

본인의 소득, 투자금, DSR 대출한도, 원리금 부담 한도를 먼저 파악한다. '호갱노노'를 활용하여, 주거 유형(아파트, 오피스텔, 재건축 등), 평형, 세대수, 전세가율, 입주 연차에 필터를 걸어 구매할 수 있는 물건들을 알아본다.

'부동산지인'을 활용하여 전체적인 흐름을 파악한다

투자가 가능한 물건들이 있는 지역들에 대해 부동산지인을 활용하여 시장강도/시세, 거래량, 수요/입주, 미분양지수를 파악한다.

'아실'을 활용하여 비교한다

아실의 '여러 단지 비교' 기능을 활용한다. 지역별, 물건별로 비교해보고 아직 상대적으로 상승하지 않은 물건을 선택한다.

'네이버부동산'을 활용해서 가격 조사를 한다

네이버부동산을 활용해서 가격을 조사한다. 급매인지, 가격 조정이 가능한지를 네이버부동산에 매물을 올린 중개사분들께 확인한다.

사전 조사가 끝났다면 인근 지역에서 가장 가격이 높은 대장 아파트를 파악하고 가격 순서로 입지 순위를 매겨본다. 그리고 임장은 걸어서 다니는 것이 중요하므로 최적의 동선을 계획한다. 이때 즐거운 임장을 위해, 그리고 임장 데이트까지 하기 위해서라면 맛집 조사가 필수다. 피곤함, 귀찮음, 더운 날씨, 추운 날씨 등으로 임장을 포기하는 경우가 있는데, 이럴 때는 맛집을 간다는 생각으로 기분 좋게 집에서 나오면 된다.

지금의 아내는, 결혼 전에 나와 데이트할 당시 눈에 콩깍지가 씌어서 나의 임장 데이트 요청에 못 이기는 척 넘어가주곤 했다. 임장은 해야 하는데 데이트는 해야겠고, 그래서 맛집을 가자고 설득하고 임장 데이트를 한 것이다. 하지만 결혼 후에 아내는 나의 '계략'을 알기에, 진짜 맛집을 발견했다고 해도 포기하고 집에 있겠다고 한다. 만약 자신이 '프로귀찮러'지만 임장을 가야겠다는 생각은 있고 사전 조사가 너무 귀찮다면 이럴 땐 평소 가보고 싶었던 지역 맛집을 검색한 후 일단 그곳으로 떠나라. 그리고 산책할 겸 주위 아파트를 둘러봐라. 일단 가봐야 해당 지역에 대한 관심이 커진다.

현장 임장,
정리 끝

현장 임장을 가면 무엇을 조사해야 할까? 사실 임장을 하는 데 정답은 없다. 다만, 나의 경우 현장 임장할 때는 분위기를 보는 데 집중한다. 사람들의 옷차림, 아파트 내 외제 차의 수, 길거리에서 담배 피우는 사람들이 많은지, 아이들이 뛰어노는지, 지하 주차장이 존재하는지, 아파트 동 간의 거리 및 커뮤니티는 좋은지, 아파트와 연결되어 있는지 등 분위기와 실제로 살기 좋은 곳인지를 확인한다. 물건 임장은 관심 있는 물건을 직접 눈으로 확인하며 분위기를 보는 단계다.

교통

임장을 통해서 강남, 여의도, 종로, 마곡, 가산 등 직장이 많은 곳과의 접근성을 확인해보는 것은 중요하다. 하지만 직장을 가는 데 필요한 버스 정류장 및 지하철역과의 접근성을 확인하려면 실제로 걸어볼 필요가 있다. 해당 버스 정류장 및 지하철역을 가는 데 불편함은 없는지, 인터넷으로 측정했을 때는 10분 걸렸지만 실제 걸어보니 15분 걸렸다는 것처럼 인터넷으로는 확인하기 힘든 점을 직접 걸어보며 확인해야 한다. 자차를 이용해서 임장하면 실제 대중교통 이용할 때의 불편한 점을 확인할 수 없다. 현장 임장을 갈 때는 자차를 이용하기보다는 대중교통을 이용하는 것을 추천한다.

학교

인터넷을 통해 특정 초등학교에 등교하는 학생들의 거주지가 어디인지 확인해보자. 예를 들어, 길 하나 차이이지만 학생들의 거주지가 A초등학교에는 아파트 주민들만 갈 수 있고, B초등학교에는 빌라단지 주민들이 섞여 있다면 현실적으로 A초등학교에 대한 선호도가 높을 것이다. 사람은 결국 이기적이라 서로 같은 수준의 사람들과 모여 살기를 원하기 때문이다. 중학교의 경우는 학업성취도 및 특목고 진학률을 찾아본다. 중학교가 중요한 이유는 좋은 대학교를 진학시키기 위해 좋은 고등학교 진학이 중요하고, 그 좋은 고등학교 진학을 위해 중학교 수준이 중요하기 때문이다.

그러고 나서 현장 임장을 통해 아이들이 초등학교에 가는 데 불편함은 없는지 확인한다. 중학생이 되면서부터는 자녀들이 부모 없이 등교하는 것에 대한 걱정이 줄어들지만, 초등학생 저학년의 경우 부모님들이 자녀가 안전하게 등교하는 것에 대한 걱정이 많기 때문이다. 그래서 초품아('초등학교를 품은 아파트'의 줄임말)와 같이 아파트 내에 초등학교가 있어 길을 건널 필요 없는 곳을 제일 선호한다. 길을 건너더라도 4차선 대로를 건너는 것은 부담이 크기 때문에 지하차도나 육교가 있는지 등 현장 정보를 파악하는 것이 필요하다.

환경

사람들이 좋아할 만한 편의시설, 예를 들어 백화점, 마트 등에 대해서는 이미 인터넷으로 찾아봤을 것이다. 하지만 실제로 가보는 것과는 차이가 있다. 백화점도 실제 가보면서 수준이 어느 정도인지 파악하는 것이 중요하다. 예를 들어, S백화점에 명품관에는 수준 높은 명품들이 존재하지만 N백화점의 경우 명품관도 없고, 명품관이 있다고 하더라도 사람들 선호도가 떨어지는 제품들만 있다면, 사람들이 선호하는 백화점은 아닐 것이다. 특히 이러한 정보들은 인터넷을 통해 짐작할 수는 있지만 직접 가봐야 확실하므로 현장 임장이 중요하다.

마지막으로 부동산을 방문한다. 사실 전화로도 부동산에 문의할 수는 있지만, 직접 부동산에 방문하는 이유는 더 자세한 이야기를 듣고 분위기를 확인하기 위해서다. 부동산을 직접 방문하는 것은 다양한 입장에 대해 실제적인 의견을 들어볼 수 있는 좋은 기회다. 부동산을 방문할 때는 여러 명이 함께 움직인다면 팀을 나눠서 방문하도록 하고, 팀을 나눌 때는 1) 매수하는 입장 2) 매도하는 입장 3) 전월세입자 입장 4) 임대인 입장으로 나눠서 방문한다.

가능하다면 실제 매물들을 직접 방문하여 파악하는 것이 좋다. 내부 구조, 확장 여부, 향과 조망, 결로 현상과 같은 집 상태뿐만 아니라 매도 이유에 대해서도 파악한다. 같은 아파트라도 조망권과 일조권이 좋은 경우 더 높은 가격으로 형성되기 때문이다.

최악의 상황을
대비하라

A플랜, B플랜 그리고 C플랜이라는 차선책

성인이 되자마자 자동차 운전 면허증을 취득하기 위해 자동차 운전 연습장을 다녔던 시절이 있었다. 자동차 운전 연습장에서 가장 강조한 것은 빠르게 달리기 위해 액셀 페달을 밟는 것이 아니라 항상 브레이크 페달 위에 발을 올려놓으라는 것이었다. 무슨 돌발 상황이 발생할지 모르니 어느 순간에라도 정지할 수 있게 준비해야 한다는 것이다. 바로 앞의 차량만 보는 것이 아니라 더 앞에 있는 차량을 보면서 안전운전을 하는 것도 중요했다.

나는 운전과 투자는 비슷하다고 생각한다. 항상 최악의 상황을 대비하면서 브레이크에 발을 올려두고 더 앞에 있는 차량들의 움직임을 보면서 투자를 해야 한다. 최악의 상황을 대비하며 투자하고 있는가? 나는 항상 투자하면서 매수할 때, 보유할 때, 매도할 때도 A플랜뿐 아니라 B플랜, C플랜이라는 차선책을 준비해놓는다. 어떤 상황이 펼쳐질지는 모르고, 모든 리스크를 대비할 수는 없지만 미리 준비할 수 있는 것들은 미리 준비해놓으려고 노력한다.

특히 투자 여력이 상대적으로 더 없는 사회초년생의 경우에는 한 번 실수로 전 재산을 잃을 수 있는 확률이 더 높아 더 꼼꼼히 준비해야 한다. 힘들게 모은 초기 투자금을 잃게 될 경우 다시 투자금을 모으는 데 너무 많은 시간이 걸리고 정신적으로도 힘들기 때문이다. 투자를 통해 자산을 이루게 되면 수익이 눈덩이처럼 복리로 불어나는데 이런 스노우볼 효과가 나타나기 전에 투자금을 잃는 것은 시간상으로 엄청난 손해다.

하락장을 준비한다

나의 경우 하락장을 대비하기 위해 부동산이 급격히 하락하기 전인 2022년도 상반기에 일부 부동산을 매도했다. 하락장을 준비했던 이유는 높은 가격, 거래량, 전세가율 등도 있었지만 무엇보다 금리 때문이었다. 2021년 기준으로 역사상 최저 금리였고, 인플레이션으로 인해 상승한 금리는 쉽게 낮아지지 않는다는 것을 과거 부동산 역사를 통해 이미 공부했었다. 결론적으로 부동산이 높은 가격이 유지

되면서 전세가율도 낮아지고 이에 따라 거래량이 줄었는데, 최후의 한 방을 금리가 날린 모습이었다.

미국 금리와 연관성이 많은 우리나라의 경우 미국이 금리를 인상하게 되면, 외화 유출 방지 등을 위한 목적으로 우리나라 금리도 인상하게 된다. 예를 들어, 미국에서 저축하면 5%의 이자를 주고 한국에서 저축하면 2%의 이자를 준다면, 기축통화인 달러보다 약세인 원화의 유출은 더 심해질 수밖에 없다. 따라서 미국의 물가가 대폭 상승하면서 물가를 잡기 위해 금리 급등이 예상되는 상황이었다.

2022년 3월의 미국 소비자물가지수$_{CPI}$는 41년 만에 최고치였던 8.5%를 기록했고, 4월의 CPI 지수는 3월보다는 낮아졌지만 8.3%를 기록했다. CPI 지수가 8.5% 상승했다는 말은 전년도 동월 대비 물가가 8.5% 상승했다는 것인데 엄청난 상승이었다. 전년도에 100만 원이었던 제품이 약 110만 원까지 상승한 것이라고 볼 수 있다.

그뿐 아니라 미국의 중앙은행 역할을 하는 연방준비제도(연준)는 금리를 인상했을 뿐만 아니라, 시중에 풀었던 달러를 회수하면서 달러의 양을 줄였고 이에 따라 달러의 가치, 즉 환율은 더욱 인상되는 효과를 가져왔다. 하지만 이번 하락장이 얼마나 갈지 그리고 얼마나 빨리 회복될지는 모르는 것이기에 나는 상대적으로 좋은 물건들은 보유했다. 특히, 언제 회복할지 모르고, 언제 좋은 물건이 좋은 가격으로 나올지는 모르기 때문에 충분한 현금 및 충분한 마이너스 통장도 준비했다.

매수와 매도 준비하기

매수를 준비할 때는 다음과 같은 방법으로 준비했다. 우선 부동산 투자를 하면서 하나의 지역을 선정했다면, 최소 3곳의 공인중개사무실을 방문한다. 우리나라 최대의 부동산 매물 플랫폼인 네이버부동산에 올리지 않은 물건들도 있기에 최대한 많은 중개사분을 찾아서 만나야 한다. 중개사분들 입장에서 굳이 좋은 물건들, 예를 들어 급매나 정말 좋은 물건들은 네이버부동산에 올리지 않아도 거래가 바로 될 거라고 판단하기 때문이다. 최대한 많은 물건을 소개받은 이후 최소한 물건 3개를 골라 실제로 방문해본다. 그래서 제일 매수하고 싶은 A물건에서 협상이 결렬된다면 B물건으로 넘어가고, 또 결렬된다면 C물건으로 넘어간다.

그리고 나서 A물건으로 협상이 진행된다면 최소한 은행 세 곳과 조율한다. 기본적으로 대출중개사이트인 뱅크몰 등에서 대출 조건을 알아본다. 예를 들어, A은행에서 제안한 담보 비율과 금리가 있다면 B은행에 가서 A은행 조건과 비교를 해본다. B은행에서 A은행보다 더 좋은 조건을 제시한다면, 마지막으로 C은행에 가서 조건을 비교해본다

경매 물건이라면 낙찰 후에 대응 방법도 달라진다. 현재 소유주나 임차인이 사용 중이라면 임차 계약을 다시 맺을지, 공실이라면 세를 놓을지 혹은 바로 매도할지에 따른 계획도 준비해야 한다. 이렇게 매

수할 때도 고려해야 하는 사항들이 많다. 혹시 모르는 상황을 대비해서 철저히 A플랜, B플랜, 그리고 C플랜까지 준비해야 혹시 모를 상황을 잘 대비할 수 있다.

매수를 아무리 잘해도 매도를 잘하지 못한다면 결론적으로 투자에 실패한 것이다. 특히 사람들은 대부분 매수할 때는 꼼꼼하게 잘 준비해도, 매도할 때는 신경을 덜 쓰는 경우들이 많다. 가장 중요한 것은 매도임에도 불구하고 말이다. 매도하기로 결심했다면 현재 분위기와 철저한 시세 조사가 매우 중요하다. 최근에 나온 매물들의 가격과 거래된 가격을 비교해본다. 최종적으로 거래가 가능할 것 같은 가격을 파악한다. 하나의 꿀팁으로 매수인인 척하고 공인중개사에 연락해본다. 매수인 입장에서 연락한다면 차마 매도인한테 하지 못하는 이야기들을 해줄 때도 많다.

따라서 최대한 많은 중개사분들과 연락하는 것이 도움이 된다. 중개사 대표 입장에서 생각할 때, 매수인을 데려오면 매수인과 매도인 양쪽에서 중개수수료를 받을 수 있다. 하지만 중개사가 매수인 혹은 매도인 한쪽만 맡아서 중개하는 공동 중개 방식이라면 중개수수료를 한쪽에서만 받기 때문에 많은 중개사에게 직접 연락을 해야 한다.

중개사로부터 연락을 받는다면 가격 협상, 잔금 일정, 입주 일정 등에 대해 조율하면서 가능하다면 기브 앤 테이크Give and Take 방식으로 진행하면 좋다. 매수인 입장에서 가격을 낮추려고 한다면 낮춘 만큼 본인이 필요로 하는 조건들, 예를 들어 잔금 일정, 입주 일정 등을 주기적으로 조율할 수 있는 기회를 얻는 것이다. 부동산 매수는 기술이고 부동산 매도는 예술이라고 하는데, 그만큼 고도의 심리전이 필요하고 여러 상황과 여러 사람들이 얽히기 때문에 철저한 준비는 필수다.

PART 6

부동산 물건별

투자 포인트

사회초년생을 위한
부동산 투자 테크트리

"부동산 투자, 어디서부터 시작해야 할지 모르겠어요!" 사실 처음 부동산 투자를 하려는 사회초년생의 경우, 부동산 투자를 할 때 어디서부터 접근해야 하는지 모르는 것은 당연하다. 20년이 넘는 시간 동안 대학교 입시만을 위한 공부를 하다가 대학 졸업 후 회사에 취업한 상태다. 그래서 부동산의 가장 기초인 등기부등본 보는 방법에 대한 지식도 없는 상태인데, 부동산 투자를 어떻게 해야 하는지 모르는 것은 어쩌면 당연한 일일지도 모른다. 따라서 다음과 같은 사회초년생을 위한 부동산 투자 테크트리를 만들었다. 본인의 성향에 따라 테크트리를 밟아가면 된다.

부동산 투자 테크트리

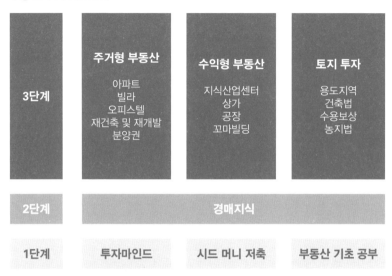

3단계	**주거형 부동산** 아파트 빌라 오피스텔 재건축 및 재개발 분양권	**수익형 부동산** 지식산업센터 상가 공장 꼬마빌딩	**토지 투자** 용도지역 건축법 수용보상 농지법
2단계	경매지식		
1단계	투자마인드	시드 머니 저축	부동산 기초 공부

1단계 투자의 기초

　공통 과목이다. 본인이 선호하는 부동산 종목과 무관하게 꼭 알아야 하는 투자의 기초 단계다. 건물의 기초가 탄탄하지 못하면 무너지듯이, 건물의 주춧돌이 되는 기초 공사의 단계다. 1단계에서는 크게, 투자 마인드, 시드머니 저축, 부동산 기초 공부로 나눌 수 있다. 사실 여기까지 이 책을 읽었다면 1단계에 대해 모두 배웠다. 투자 마인드는 이 책의 '1장 왜 반드시 투자해야 하는가'와 '2장 결국 이런 사람이 부자가 됩니다'에서 이야기했다. 요약하자면 이미 우리는 자본주의에서 살아왔고 지금도 살고 있기 때문에 자본주의에 대해서 생각해야 한다는 것과 우리에게 적어도 돈 때문에 있을 불행은 막아야 한다는 것이다.

시드머니 저축에 대해서는 '3장 시드머니 모으기 불변의 법칙'에서 다뤘다. 투자할 수 있는 돈을 잘 모으기 위해서는 목표를 세워 저축을 하며 이를 이루기 위해서 소비에도 예산을 편성해야 한다는 것, 그리고 종잣돈에는 단순히 모은 돈뿐만 아니라 본인의 신용을 활용해서 대출을 활용하면 시간을 앞당길 수 있다는 것이다.

부동산의 기초 공부에 대해서는 '4장 스마트한 투자자가 되기 위한 프롭테크 활용법'과 '5장 부동산 투자 상식'에서 배웠다. 스마트폰을 활용해서 정보를 손쉽게 파악하고 현재의 흐름을 파악할 수 있다는 것과 부동산에 관한 기초 공부뿐만 아니라 부동산을 포함한 전체적인 경제를 읽는 방법에 관해서 공부해야 한다는 것이다.

2단계 경매 지식

모든 부동산의 기본이 되는 것은 시세 대비 저렴하게 사는 것이다. 그중 대표적인 방법이 바로 경매이며, 한 번 익히면 평생 써먹을 수 있기 때문에 꼭 배워두는 것을 추천한다. 그렇다고 일반경매보다 권리관계가 복잡하게 얽힌 특수물건까지 꼭 공부할 필요는 없다. 요즘과 같은 부동산 하락기에는 권리관계가 쉬운 부동산 물건들도 낙찰받을 수 있기 때문이다. 그러나 간혹 부동산을 처음 공부하는 사회초년생을 만나게 되면 경매를 공부하는 것이 목표가 되는 경우가 있는데 그럴 필요는 없다. 중요한 것은 돈을 벌 수 있는 좋은 투자 물건을 고르는 눈이다. 그게 먼저다.

3단계 부동산 물건별 투자 포인트

투자의 기초와 경매 기술을 배웠다면, 이제는 6장 부동산 물건별 투자 포인트로 들어가면 된다. 요리의 경우에도 공통이 되는 요리 기술은 비슷하지만, 재료마다 손질 방법이 다르듯이 부동산 또한 물건별로 투자 포인트가 다르다. 특히 투자 포인트를 크게, 주거형 부동산, 수익형 부동산, 토지로 나눠두었다. 공부하다 보면 본인에게 맞는 투자 물건이 있을 것이다. 크게 봤을 때 본인의 성향에 맞는지 파악할 수 있게 투자 포인트를 적어두었다. 내가 투자해본 부동산 종류인 아파트, 분양권, 오피스텔, 상가, 지식산업센터 등을 다루었다.

부동산 경매,
최소한 이것만 알고 갑시다

이 책으로 부동산 경매에 대해서 모든 것을 알려줄 수는 없을 것이다. 그러나 최소한 경매란 무엇이며, 경매에 대한 용어 그리고 권리분석을 어떻게 하는지 정도라도 알고 갔으면 좋겠다. 추후 경매에 대해서 본격적으로 공부하거나 경매에 관한 책을 읽을 때 큰 도움이 되었으면 한다.

특히, 부동산이 하락하면서 '전세 사기'를 당한 사회초년생이 많다. 만약 사회초년생이 경매를 공부했다면 그런 안타까운 피해는 많이 예방되었을 것이다. 어쩌면 인생을 살면서 '국영수'보다 더 중요한 필수과목이 부동산 공부라는 생각이 든다.

경매란 무엇일까?

경매란 경쟁 채무자(돈을 빌린 사람)가 돈을 갚지 않았을 때 채권자(돈을 빌려준 사람)의 신청으로 법원이 채무자의 재산을 대신해 매각해주는 과정을 말한다. 법원은 부동산 가격을 감정해주는 감정평가사에게 자산을 평가하게 한 이후에, 최저가를 정하고 그 금액 이상으로 입찰한 사람 중에서 최고가 매수인에게 부동산을 파는 것이다.

경매란 나쁜 것일까?

드라마에 보면 '부동산 경매'를 묘사할 때, 으레 한 아버지가 사업을 하다가 망하고, 집 안 가구들에는 '빨간 딱지'가 붙어 있고, 특히 비가 오는 날에 조폭 같은 사람들이 들어와서 가재도구들을 집 밖으로 던지는 장면을 등장시킨다. 그래서인지 경매라고 하면 돈 때문에 나쁜 사람들이 약자를 괴롭히는 것으로 인식될 수가 있다. 그런데 과연 정말 그럴까?

경매가 나오는 가장 흔한 경우는 집이나 건물 등을 담보로 돈을 빌렸는데 못 갚으면 돈을 빌려준 사람이 돈을 돌려받으려고 신청하는 것이다. 결국, 국가인 법원에서 채무자와 채권자 모두가 잘될 수 있도록 경매라는 제도를 활용하여 도움을 주는 것으로 이해하면 된다. 그리고 경매가 끝나면 채무자가 그냥 나가지 않고 버틸 수도 있는데, 이럴 때 조폭 같은 사람들이 오는 것이 아니라 법원에서 합법적으로 집행관이라는 공무원과 노무자분들이 와서 짐을 옮겨주는 것이다.

경매의 장점

저렴하게 매수할 수 있다

부동산 투자를 할 때 가장 중요한 것은, 저렴하게 매수하는 것이다. 저렴하게 매수하지 않더라도 시세보다 비싸게 매수해서는 안 된다. 이러한 원칙을 실현할 수 있는 것이 경매다. 부동산 경매를 통한다면 본인이 원하는 가격에 부동산을 매수할 수 있다. 일반 매매 시장에서 부동산을 매수할 경우, 매도자가 가격을 정해놓고 일부 조정을 통해서 매수한다. 하지만 경매를 활용하면 본인이 원하는 가격에 저렴하게 매수할 수 있는 가능성이 커진다. 특히 경매에서 매번 유찰될 때마다 20~30%씩 가격이 내려가는데, 두 번만 유찰되어도 최초 감정가의 약 50~60% 정도가 되기에 시세보다 매우 저렴하게 매수할 수 있는 장점이 있다.

부동산 거래 사고가 나지 않는다

경매를 두려워하는 사람들이 많은데, 오히려 일반매매보다 부동산 사고가 나지 않는 것이 경매다. 법원에서 중개사 역할을 해주고,

경매 절차나 법원에서 공시하지 않은 문제들이 발생하면 법원에서 책임을 지고 취소해준다. 특히 경매를 통해서 부동산을 매수하면 복잡한 법률적인 권리관계를 깔끔하게 정리해준다. 만약 일반매매 시 부동산 등기부등본상에 복잡한 권리관계가 있으면 그 모두를 인수하고 매수해야 한다. 하지만 경매를 통해 매수할 경우 대부분의 권리관계가 정리된다.

대출이 잘 나온다

시세보다 더 저렴하게 매수할 수 있으므로 은행에서는 대출을 더 많이 해준다. 쉽게 생각해서 상가매매가 10억 원인데, 경매로 8억 원에 낙찰받았다고 해보자. 은행에서 상가 감정을 10억 원에 할 경우, 일반매매에서는 70%인 7억 원 정도 대출이 나온다. 하지만 경매를 통해 10억 원 물건을 8억 원에 낙찰받게 된다면 최대 90%까지도 대출이 가능하다. 은행은 대출해줄 때 '추후 대출을 받은 사람이 대출금을 갚지 않을 경우 경매로 넘어가게 되면 대출을 회수해야 하는데 그때 얼마를 받을 수 있을지'가 관건이다. 그래서 경매로 매수하면 대출 비율이 상대적으로 더 많이 나올 수 있는 것이다.

경매 용어와
경매 과정

경매의 기초적인 용어 정리

말소기준권리

경매에서 부동산이 낙찰될 경우, 해당 부동산에 있던 법률적인 권리들이 소멸하는지 혹은 낙찰자에게 인수되는지를 알 수 있는 기준이 되는 권리를 말한다.

매각기일

경매법원이 해당 부동산을 실제 매각하는 날로, 우리가 경매를 입찰하러 가는 날이다.

대항력

임차인이 제3자에게 자신의 임대차 관계를 주장할 수 있는 권리를 말한다. 전입신고, 확정일자를 받은 다음 날로부터 효력이 생긴다. 대항력을 갖춘 임차인들은 집주인이 매매나 경매 등의 이유로 다른 사람으로 주인이 바뀌더라도 임대차를 주장할 수 있는 권리를 보장받는다.

매각물건명세서

경매 시 꼭 확인해야 하는 서류로, 매각물건명세서에는 최선순위 설정, 배당요구종기일, 점유자 정보, 특이사항을 기록해놓는다. 기록되지 않은 특이사항이 있으면 매각 불허가 또는 매각 취소를 할 수 있기 때문이다.

현황조사보고서

집행관이 해당 부동산의 점유 사실과 임대차 계약, 보증금, 차임, 부동산의 특이사항을 확인한 보고서다. 위장임차인, 유치권 등의 진위를 확인할 수 있다.

경매는 이렇게 진행됩니다!

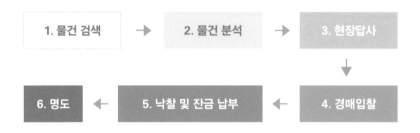

| 1. 물건 검색 | → | 2. 물건 분석 | → | 3. 현장답사 |

| 6. 명도 | ← | 5. 낙찰 및 잔금 납부 | ← | 4. 경매입찰 |

1. 물건 검색

어떤 종류 및 조건의 부동산을 매수할지에 대한 방향을 먼저 설정한다. 이후 유료 경매 사이트나 아실 등을 통해 매각 물건을 확인한다. 유료 경매 사이트를 활용할 경우, 원하는 지역, 가격대, 물건 종류, 유찰횟수 등을 조건으로 걸어서 검색할 수 있다.

2. 물건 분석

• 입지 분석

해당 물건을 입지 분석한다. 주거형 부동산의 경우, 일자리, 교통, 학군, 환경, 상권, 공급 등을 확인해보고, 수익형 부동산의 경우 세대수, 주 동선 등을 확인해보고 괜찮다고 판단되면 권리분석으로 넘어간다.

• 권리 분석

말소기준권리의 종류로, (근)저당권, (가)압류, 담보가등기, 전세권 (전세권자가 배당 요구 시) 등이 있다. 말소기준권리 전에 권리가 있다면 낙찰자가 인수하고, 말소기준권리 뒤에 있는 권리는 사라진다.

• 임차인 분석

임차인이 없다면 문제가 되지 않지만, 임차인이 있으면 임차인의 보증금을 낙찰자가 돌려줘야 하는지를 확인해야 한다. 매각물건명세서를 확인해서 임차인의 보증금을 인수하는지를 확인해야 한다.

• 시세 분석

입찰가를 정하기 위해서 시세 분석이 필요하다. 감정가는 참고용으로만 보는 것이 좋고, 주거형 부동산일 경우 주변 매매가 및 전세가 시세를 확인해본다. 수익형 부동산이면 주변 매매가 시세와 월세 시세를 확인해본다.

3. 현장 답사

물건을 직접 방문하여, 하자 유무 및 물건 인근의 유해시설이나 편의시설을 확인한다. 특히 중개사사무실을 방문할 때는 경매 때문에 왔다고 하면 대부분 반기지는 않는다. 보통 중개사 대표 입장에서는 자신들은 경매와는 관련이 없기 때문에 그런 사람들이 오면 귀찮아한다. 그래서 나의 경우 음료수를 사가면서 "경매 때문에 왔지만 받게 되면 직접 중개할 수 있도록 물건을 내놓겠다"고 하면서 정보를 묻는다. 이런 방식으로 중개사사무실을 방문하면 대부분 호의적으로 받아주는 편이지만, 그래도 반기지 않는다면 다른 중개사사무실을 방문하면 된다.

4. 경매 입찰

매각 기일에 신분증, 입찰보증금, 인감도장을 준비해서 출석한다. 출석하여 입찰 게시판에 해당 물건이 경매를 진행하는 데 이상 없다고 확인한 후 경매 진행이 시작되는 것이다. 집행관이 오늘 경매가 진행되는 물건에 대한 간략한 설명과 주의점을 알려주고, 입찰표를 제출하라고 하면 입찰표를 작성하여 최저매각가격의 1/10에 해당하는 금액을 보증금으로 낸다. 최고가매수신고인이 되면 대출을 받아 등기를 신청한다.

5. 낙찰 및 잔금 납부

물론, 낙찰받기 전에 해당 물건에 대한 대출한도 및 금리를 파악해봐야 한다. 그리고 낙찰을 받으면 법정을 나가는 순간 대출 상담사분들이 명함을 건네준다. 모두 잘 갖고 있다가 대출 상담사분들께 대출 조건을 문의하면 된다. 문자로 사건번호, 연 소득, 소유 중인 대출액 및 종류, 소유 중인 부동산 종류 및 개수를 보낸다. 가능하면 최대한 많은 상담사에게 연락을 해보자. 대출은 알아보면 알아볼수록 더 좋은 조건으로 선택할 수 있다.

6. 명도

명도는 경매로 낙찰받은 부동산을 점유하고 있는 사람을 내보내는 과정인데, 이 부분에서 많은 사람이 겁을 먹는다. 여기서 주의해야 할 점은, 낙찰대금 납부 후 바로 인도명령을 신청하는 것이다. 낙찰자에게 부동산을 인도하라는 것인데, 이를 통해 점유자를 내보낼 때 드는 이사비용을 협상할 때 유리한 위치를 점할 수 있다.

대한민국 최고 인기 부동산, 아파트 투자 포인트

아파트 공화국

'아파트가 대한민국 최고 인기 부동산이라는 말'은 주거 측면에서 우리나라를 가장 잘 표현하는 말이다. 그만큼 우리나라 사람들의 아파트에 대한 선호는 엄청나다. 그런데 투자 관점에서 보자면 우리는 상대적으로 더 많이 오르는 아파트를 매수하고자 한다. 투자자 입장에서 평균 수익률 이상이 나와야 투자를 하기 때문이다. 그러면 어느 아파트를 사야 할까? 최근 아파트를 매수하고 싶다는 지인이 있었는데, 구체적인 상황 없이 어느 아파트를 사야 돈을 벌 수 있을까를 내게 물었다. 그래서 단순하게 '압구정 현대아파트'를 매수하라고 말했다. 우리나라에서 가장 높은 시세를 형성하고 있는 아파트가 압구정 현대아파트라는 것은 누구나 알고 있다. 하지만 그럴 만한 투자금이 없으므로 공부를 통해 저평가되어 있고, 앞으로도 가격이 오를 아파트에 투자하자는 것이다. 당장 압구정 현대아파트를 살 수 없다면 어떤 기준으로 아파트에 투자해야 할까?

일자리! 일자리! 일자리!

아파트에 투자할 때 가장 중요한 것은 일자리다. 그중에서도 연봉이 높은 고급 일자리, 즉 양질의 일자리가 중요하다. 일자리가 있어야 주거 지역이 형성된다. 어떻게 생각하면 당연하다. 먹고 살기 위해서는 돈을 벌어야 하는데, 대다수가 본인의 직장 근처에서 거주하기를 원한다. 나의 경우 과거 수원에서 여의도까지 출퇴근할 때 왕복 3시간 이상이 소요되었다. 오전 9시까지 출근하기 위해서는 오전 6시 30분에는 일어나서 준비했어야 했다. 한번은 더운 장마철에 출근할 때였는데, 회사에 도착하니 비에 온몸이 젖고 더운 여름에 땀도 너무 많이 나서, 회사에 도착하자마자 집에 다시 돌아가고 싶은 날도 있었다. 그런데 회사 근처로 이사 오니 삶의 질이 너무 높아졌다. 확실히 직주근접의 장점을 많이 느꼈다. 이는 비단 나만의 이야기가 아닐 것이다. 대부분의 사람들은 일자리 근처에서 거주하기를 원한다.

그렇다면 일자리가 많은 곳은 어디일까? 서울에서 일자리가 많은 곳으로는 3도심인 GBD(강남권역), YBD(여의도권역), CBD(도심권역)라고 할 수 있다. 이외에도 서울은 2030 도시 계획에 따라 7광역과 12구역으로 발전 계획을 세우고 있는데 아무래도 일자리가 가장 많은 곳은 3도심이다. 따라서 아파트에 투자할 때 가장 좋은 곳은 일자리가 많은 곳인 3도심 혹은 일자리가 앞으로 계속 증가하는 곳이다.

교통 편리성, 강남으로 갑시다

아파트에 투자할 때 일자리 근처에 있는 아파트가 제일 좋지만, 사회 초년생의 경우 현실적으로 일자리 바로 근처에 있는 아파트를 구매하기는 쉽지 않다. 그래서 일자리 바로 근처에 있는 아파트에 투자하기 힘들다면, 일자리로 바로 향하는 교통편이 있는 지역에 아파트를 사면 된다. 그중에서 가장 일자리가 많은 강남구로 가는 교통편과 연결된 노선이 중요하다. 물론 본인의 직장 위치가 강남이 아닐 수 있다. 하지만 강남에 일자리가 가장 많기에, 추후 매도까지 잘하려면 많은 사람이 선호하는 곳에 투자하는 것이 맞다. 서울 지하철 기준으로 강남으로 향하는 노선은, 2호선, 3호선, 7호선, 9호선, 분당선 그리고 신분당선이다.

특히 지금 해당 지하철이 있는 지역도 좋지만, 투자자 입장에서는 앞으로 좋아질 교통편이 생길 곳에 투자해야 한다. 경기도와 인천의 경우 서울로 가는 교통 편리성이 가장 중요한 요소가 되는데 그 이유는 서울에 비해 상대적으로 일자리가 적기 때문이다. 2021년에 가장 인기 많은 투자 포인트는 GTX 개통이었다. 그 당시 서울 3대 도심으

GTX 노선도

C노선
동두천시
덕정

A노선
운정
킨텍스

D노선
장기
검단
계양

인천공항
청라 가정 작전
영종

E노선
인천시청
신천

인천대입구

B노선

대곡
창릉
김포공항
둔촌
대장
부평
광명시흥

초지

상록수
야목

수원
오목천
화성시

오산시

평택시

아산시
천안시

의정부
탑석
장흥

F노선
퐁양
왕숙 평내호평 마석 춘천시
가릉군

창동
별내
구리
왕숙2
신내 상봉
신정릉 덕소
연신내 광운대
DMC
서울역
청량리
왕십리
여의도 용산
분천종합
운동장 신도림
가산 신림 사당
정부과천청사
인덕원
금정

의왕

구성
기흥

동탄

강남
삼성
잠실
강동
교산
팔당

양재 수서
복정
모란
성남 경기광주
정자
이천 부발
곤지암
여주

원주

※ GTX-D/E/F의 단계 구분, 역 위치 및 역 명칭은
   확정된 사항이 아니며, 향후 기본계획 등
   사업 추진과정에서 변동될 수 있음

범례
D노선 ━━ 1단계 ┅┅ 2단계
E노선 ━━ 1단계
F노선 ━━ 1단계 ┅┅ 2단계

출처: 국토교통부

로 바로 가는 GTX 개통 예정 지역인 경기도 및 인천의 아파트 가격이 많이 들썩였다

학군, 우리 아이는 나보다 더 잘 살았으면 좋겠습니다

모든 부모의 공통적인 염원은 자녀들이 본인보다 더 나은 삶을 사는 것이다. 부모 중에 자녀가 자신보다 더 못한 삶을 살길 바라는 부모는 한 명도 없을 것이다. 더 나은 삶을 살 수 있는 가장 쉬운 방법은 교육을 통한 신분 상승이었고, 앞으로도 교육에 대한 수요는 많을 것으로 예상된다. 따라서 좋은 학군과 학원가가 많은 지역일수록 수요가 많다.

초등학교, 중학교, 고등학교 중에서 가장 중요한 학군은 바로 중학교다. 학군이라고 하면 학교와 학원 모두 중요하다고 할 수 있다. 하지만 초등학교의 경우 중요한 건 '안전하게만 키울 수 있는 환경'이다. 그래서 초등학교를 품은 아파트, 소위 '초품아'가 인기가 많으며, 인근에 유해시설이 없어야 한다. 중학교 때부터는 사교육 전쟁이 시작되는데, 서울에서 단연코 1순위 학군은 강남 대치동이다. 2순위는 양천구 목동, 3순위는 노원구 중계동이다.

재미있는 현상 한 가지는 일자리 덕분에 소득이 증가하는 지역에 학원가가 증가하는 것이다. 강서구 마곡동, 마포구 염리동·대흥동·신수동, 강동구 고덕동 등이 있다. 그중에서도 특목고 진학률이

부모소득분위에 따른 자녀의 고등교육 수준 (단위: %)

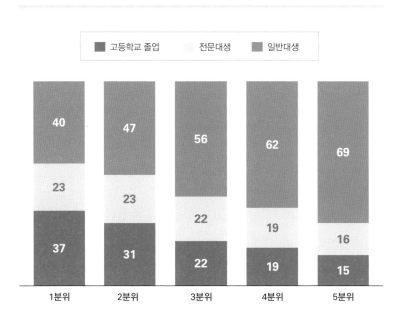

출처: 최수현 한국직업능력연구원 부연구위원

높은 중학교에 배정되는 아파트가 핵심이다.

지방의 경우에는 학군이 더욱 중요한데, 지방의 경우 도시가 크지 않기 때문에 일자리가 가깝다. 그래서 일자리와 교통 편리성보다 중요한 요소가 학군이다. 예를 들면, 대전의 경우 길 하나 차이로 학군이 갈리는 아파트 단지가 있다. 이 길 하나 차이로 좋은 학군을 가진 아파트와 그렇지 못한 아파트 사이 가격 차이가 매우 크다.

생활환경, 주부들이 좋아하는 병원·백화점·마트

거주하는 곳 주변에 상권과 편의시설이 얼마나 잘 갖춰져 있는지가 중요하다. 백화점, 대형쇼핑몰, 대형마트, 카페, 병원 등 생활에 편리함을 주는 인프라가 중요하다는 것이다. 특히 주부들이 좋아할 수 있는 환경이 중요하며, 최근에는 자녀를 키우지 않는 부부들이 많아짐에 따라 학군보다 생활환경을 더 선호하는 사람들도 많이 생기고 있다. 생활환경에 대한 선호도는 계속 증가하고 있다.

한편 코로나19 이후 많은 사람들이 온라인 쇼핑과 배달 음식에 매우 익숙해졌다. 온라인 쇼핑몰 배송이 하루 만에 가능한지, 여러 배달 음식을 시키는 게 가능한지 여부도 중요해졌다. 나의 경우 경기도 과천시에 거주했던 경험이 있다. 과천에는 배달 앱에 음식점이 별로 없었다. 저녁 때는 아예 배달하지 않는 곳들도 많아서 매우 불편했던 경험이 있다. 서울로 이사 온 이후에는 24시간 내내 배달 음식이 가능한 것을 보고 배달 음식이 가능한 지역인지 그렇지 않은지 여부가 얼마나 중요한지 많이 느꼈다. 또한 아이가 태어난 이후부터는 대형 쇼핑몰과 백화점의 중요성이 올라갔는데, 서울의 경우 이러한 인프라들이 확실히 잘 잘 갖춰져 있다는 걸 느낄 수 있다.

자연 환경, 한강뷰 아파트에 살고 싶어요

아파트에서 한강이 보이는 한강뷰의 가치는 얼마일까? 집값의 최대 13%라고 한다. 서초구 아크로리버파크의 경우 84타입 기준으로, 한강이 잘 보이는 집과 그렇지 않은 집의 차이는 최대 4억 5,000만 원 정도 차이가 난다는 것이다.

뷰는 아파트의 가치에 직접적인 영향을 미치는 요소로 경치가 좋아질수록 가격이 높아지는 경향이 있다. 사람들은 아름다운 경치를 감상하면서 만족감을 느끼기 때문이다. 그리고 자연환경은 희소성이 매우 크다. 편의시설은 집 근처에 생길 수 있지만, 한강이나 공원을 인위적으로 우리 집 앞으로 옮기는 건 불가능하기 때문이다.

한강뷰의 가치

부동산

돈부르는 '한강뷰'… 집값 최대 13%差

연규욱 기자 Qyon@mk.co.kr
입력 : 2023-06-02 17:37:23

가 🖨 ⤳ 🔖

반포 아리팍 실거래가 분석
84㎡ 기준 4억5천만원 차이

한강뷰 프리미엄의 경제적 가치는 얼마나 될까. 부동산 시장의 오랜 화두에 대해 '집값의 최대 13%'라는 분석 결과가 나왔다. 강남 고가 아파트의 경우 같은 단지라도 한강이 눈에 들어오는지에 따라 집값 차이가 수억 원씩 벌어질 수 있다는 의미다.

특히 부자의 반열에 오른 사람들은 자연환경에 대해 매우 중요하게 생각한다. 한강, 공원, 호수 등 자연환경이 좋은 지역의 아파트 가격이 엄청나게 상승하는 것도 이러한 맥락이다.

신축 아파트

위 다섯 가지 기준 외에도 화두가 되는 기준은 '신축 아파트'다. 국토부에 따르면 2021년 기준 서울의 주거용 건축물 중 49.73%가 지은 지 30년이 넘는 노후 건축물이라고 한다. 즉, 서울 주택 2채 중 1채는 낡은 건물이라는 것이다. 서울에 아파트 공급이 활발했던 1980년대, 1990년대에 지어진 주택들이 재건축이나 리모델링이 되지 못하면서 노후화가 진행되었다. 그만큼 신축에 대한 희소성이 커져 가고 선호도가 높아지고 있다. 그래서 입지가 조금 아쉬워도 신축의 경우 선호도가 높아 가격이 높다.

소액으로 내 집 마련,
아파트 분양권 투자 포인트

분양권 투자가 좋은 점

부모님이 미리 자녀의 내 집 마련을 준비해준 사회초년생의 경우에는 내 집 마련에 대한 고민이 없겠지만, 대부분의 사회초년생들은 무주택자다. 그래서 내 집 마련에 대한 고민이 많다. 소액으로 내 집 마련을 하거나 소액으로 투자를 할 수 있는 것이 분양권 투자다. 분양권 투자 이후 시세와 전세가가 많이 오르면 매도하거나 전세를 주어 이익을 얻을 수도 있다. 무주택 신분을 활용해서 잔금을 대출한 후에 내 집 마련을 할 수 있기 때문이다.

분양권 투자의 장점은 많은데 첫 번째 장점은 소액으로도 투자를 할 수 있다는 것이다. 계약금인 분양가의 10~20%와 P(프리미엄)만 있

휘경자이 디센시아와 휘경 SK뷰 아파트의 모습

으면 되기 때문에 소액으로 투자할 수 있다. 그리고 나머지 분양금액

도 중도금과 잔금으로 나누어서 지급하기 때문에 당장 목돈이 들어

가야 할 부담이 적다. 물론 서울 지역의 분양권은 투자 금액이 많이

들지만, 수도권 지역의 경우 소액으로도 가능하다.

　두 번째로 시간이 넉넉하다. 분양부터 준공 기간까지 평균적으로 2

년 6개월이라는 시간이 걸린다. 부동산이 상승 시기라면 입주까지 상

승 차액과 신축에 대한 선호도가 높으므로 신축 프리미엄까지 얻을

수 있다. 지금과 같이 부동산 경기가 안 좋을 때도 분양가가 합리적

이라면 수익을 얻을 수 있다. 2023년에 분양한 휘경자이 디센시아의

경우에는 부동산 하락기였음에도 평균 경쟁률 27.34 대 1, 최고 경

쟁률인 84A 타입의 경우 154.08 대 1이 나왔다. 시세 대비 엄청나게 저렴한 소위 '로또 분양'이 아니었음에도 이렇게 경쟁률이 높게 나올 수 있었던 것은 소액으로 시간에 투자할 수 있기 때문이다. 2년 3개월 뒤에 잔금을 치르기 때문에 돈을 모을 수 있는 기간이 확보될 뿐만 아니라, 물가 상승으로 인해 아파트 분양가는 계속 오를 것이라는 예측도 한몫한다. 또한 옆에 있는 휘경 SK뷰 아파트보다 외대앞역과 더 가까울 뿐만 아니라 신축이다. 이외에도 최고 경쟁률 253.22 대 1이 나온 영등포자이 디그니티 또한 이러한 사례라고 볼 수 있다.

세 번째로 아직 부동산 실물이 아니라서 다양한 장점들이 있다. 당장 취득세, 보유세 등 세금을 낼 필요가 없다. 아파트를 짓고 있는 중이라 실물이 없으며, 당연히 세금도 내지 않는 것이다. 또한 세입자가 없다 보니 전월세 계약 및 임차인 관리에 대한 부담이 없다. 상가의 경우 세입자가 고쳐서 사용하고, 특히 주거 공간이 아니기 때문에 덜 예민하다. 주거 공건의 경우 수리에 대한 요청이 많을 수 있는데, 분양권의 경우 이러한 고민에서 벗어날 수 있다. 특히 세입자가 없으므로 매수와 매도 측면에서 더 수월하다.

분양권 투자, 이것만큼은 알고 하자

분양권 투자 참 좋지만 몇 가지 주의할 점이 있다. 바로, 지역 상승기 여부, 주변 시세, 전세가율, 가구당 중도금 대출 제한이다. 지역별로 상승기가 다른데 지역 상승기 때 투자하는 것이 좋으며, 모든 부동산이 마찬가지이지만 고분양가로 분양을 받는 것을 주의해야 한다. 고분양가는 아무리 프리미엄 없이 매수해도, 분양가 자체가 높으므로 하락할 수 있는 위험이 있다. 고분양가를 판단할 수 있는 가장 쉬운 방법은 주변 시세를 보는 것이다. 여기서 주변 시세라고 하면, 분양가뿐만 아니라 전세가를 함께 보는 것이다. 가구당 중도금 대출의 경우 2024년 현재 중도금 대출 시 가구당 2건 제한이 있다. 이렇게 제한하는 이유는 중도금 대출의 경우 실체가 없는 권리이기 때문이다. 따라서 중도금은 은행에서 위험이 크다고 판단하여 보증을 서줄 곳을 필요로 하는데 국내에서는 중도금 대출 보증을 서주는 기관이 주택도시보증공사HUG와 한국주택금융공사HF 2곳이다(물론 가끔 시행사에서 보증을 서주는 곳도 있는데 이런 경우는 여기서 제외하겠다). 뿐만 아니라 한도도 주택도시보증공사의 경우 수도권 및 광역시는 1인 최대 5억 원, 기타 지역은 3억 원이며, 한국주택금융공사의 경우 1인 최대 3억 원이다.

주거용 상업용 각 장점을 합친
오피스텔 투자 포인트

오피스텔=오피스+호텔

오피스텔이란 상업용 시설인 오피스Office와 주거용 공간인 호텔 Hotel의 합성어다. 그래서 임차인이 전입신고를 하느냐 혹은 사업자가 사업자 신고하느냐에 따라 주거용 혹은 상업용으로 나뉜다. 건축법 상에는 오피스텔을 업무시설로 분류되지만, 세금을 부과할 때는 오 피스텔의 실제 사용 용도에 따라서 세금을 부과한다. 세법은 실질 과 세이기 때문이다. 그런데 공유 오피스가 등장하자 1~2인 사업자들 의 수요가 오피스텔에서 공유 오피스로 넘어가면서 업무 용도에 대 한 수요도는 떨어졌다. 반면 1~2인 가구가 증가함에 따라 주거용에 대한 수요도는 증가하고 있고 앞으로도 꾸준할 것으로 생각된다.

아파트의 대체제로 평가받는 아파텔이라고도 불리는 오피스텔은 2023년 기준으로 수요가 감소했는데, 가격 내림세가 큰 아파트로 눈길을 돌리면서 오피스텔에 대한 선호도가 감소한 것이다. 하지만 아파트 시장이 회복되거나 아파트에 대한 규제가 강화되면 오피스텔 시장 또한 회복될 것으로 생각된다. 그렇다면 오피스텔 투자는 왜 좋고 어떤 투자 포인트로 접근해야 할까?

1인 가구는 계속 증가하고 있다

통계청 자료에 따르면 2020년 31.2%였던 1인 가구가 2050년에는 39.6%로 과반수를 차지할 것으로 보고 있다. 총가구수 또한 증가하고 있는데, 2020년 기준 2,073만에서 2023년 2,378만까지 증가했다. 즉, 1인 가구 비중이 증가하면서 총가구 수가 증가하는 것이다. 1인 가구 대부분이 거주용 공간으로 오피스텔을 선호한다. 물론, 경제적으로 풍족하다면 아파트에서 거주하겠지만, 그렇지 못한 가구들이 많기 때문에 이때 고려할 수 있는 부동산이 오피스텔, 빌라, 고시원 등이다. 그중에서 가장 선호하는 주거 형태는 보안시설과 편의시설을 잘 갖춘 오피스텔이다. 특히 각종 범죄로 보안에 대해서 중요성도 커지다 보니 여성의 경우 오피스텔을 가장 선호한다. 나의 경우 자취할 때 회사에 출근하기 위해서 당산역 인근에 있는 오피스텔에 거주했는데 그 오피스텔의 70% 이상이 여성이었다.

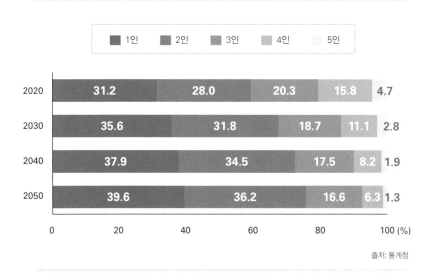

2020~2050년 예상되는 가구원수별 비중 추이

	1인	2인	3인	4인	5인

2020	31.2	28.0	20.3	15.8	4.7
2030	35.6	31.8	18.7	11.1	2.8
2040	37.9	34.5	17.5	8.2	1.9
2050	39.6	36.2	16.6	6.3	1.3

출처: 통계청

이러한 1인 가구 수요층이 많은 지역은 일자리 수요가 많은 지역이다. 일자리가 많은 3대 도심인 강남, 여의도 서울시청뿐만 아니라, 구로, 가산디지털단지, 마곡, 판교까지 투자지역으로 고려해보면 좋다. 이와 같은 업무지구에 투자하는 이유는 오피스텔의 경우 수익률도 중요하지만 환금성이 중요하기 때문이다. 따라서 오피스텔에 투자할 때는 아파트보다는 환금성이 낮으므로 매수 전에 매도를 한 번 고려해보고 투자해야 한다.

전국 오피스텔 분양 물량 및 입주 물량 추이

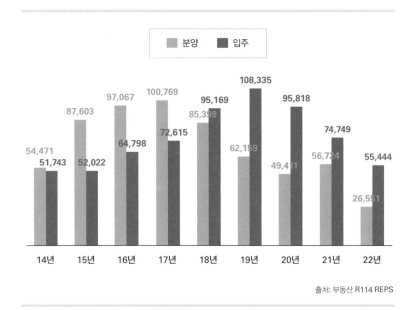

출처: 부동산 R114 REPS

분양가격은 올라가고 공급은 줄고 있다

부동산 투자를 할 때 핵심은 저렴할 때 사서 비쌀 때 파는 것이다. 부동산 R114에 따르면 전국 오피스텔의 분양 물량은 감소하고 있으며, 오피스텔 분양가격은 자재 가격 및 인건비 상승으로 인해 계속 상승하고 있다. 하지만 현재는 금리가 높고 아파트 시장이 완전히 회복되지 않고 있어 수요가 낮은 편이다. 만약 금리도 하락하고 아파트 시장도 회복된다면 오피스텔의 가격 또한 상승할 것으로 생각된다.

청약에서 무주택자 자격을 유지할 수 있다

사회초년생의 경우 한 번쯤 청약 당첨을 꿈꾼다. 생애 최초 특별공급, 신혼부부 특별공급뿐만 아니라, 정부가 2023년 4월에 청약제도를 개편하면서 청약 추첨제가 늘어났고 이로 인해 사회초년생의 경우 청약에 대한 수요는 증가할 것이다. 그런데 아무리 저렴한 아파트나 빌라를 매수하더라도, 유주택자로 간주하여 특별공급 대상이 되지 않는다. 하지만 오피스텔은 소유하고 있더라도 청약에서는 무주택자로 간주한다. 다만, 청약이 아니라 세금 면에서는 사업자가 사용하는 업무용이 아닌 이상 주거용으로 보고 주택 수에 합산하므로 주의해야 한다.

대출에 유리하고 전세가율이 높아서 투자금이 적다

오피스텔 대출 시 크게 가계 대출과 사업자 대출로 나뉜다. 은행에서 가계 대출로 받는다고 하면 대출한도가 많이 나오지 않는다. 감정가나 시세에서 주택임대차보호법상 최우선변제금액*을 제외하기 때문이다. 그래서 임대할 때 사업자 대출로 진행해야 한다. 사업자 대출로 진행하면 70% 이상 대출이 가능하다.

---

* 주택담보대출을 받을 때 소유주가 대출금을 갚지 못하면 금융기관에서는 주택을 경매로 넘겨 대출금을 회수한다. 이때 임차인이 거주할 때 임차인의 임대보증금 중 일부 금액을 보호해준다. 이를 최우선변제금액이라고 한다. 금액은 지역별로 그리고 대출 받은 시기별로 상이하다.

오피스텔은 대부분 전세가율이 높다. 2023년 4월 한국부동산원에 따르면, 2023년 3월 수도권 오피스텔 전세가율이 85.5%로 집계됐다. 전국 기준으로 집계해도 84.84%다. 오피스텔은 전세가율이 높기 때문에 투자금이 적게 들어가는, 투자하기 좋은 부동산 투자 상품이다.

시세 상승을 위한 오피스텔 투자 원칙

수익형 오피스텔이 아니라, 차익을 많이 내기 위해 오피스텔을 투자하기 위해서는 아파트를 규제하는 시기에 오피스텔에 투자하면 좋다. 오피스텔 중에서도 아파트의 대체재 역할을 할 수 있는 곳이 좋다. 즉, 오피스텔이지만 동일한 아파트 단지 내에 있어서 외관만 봤을 때는 아파트와 오피스텔인지 구분이 안 되고, 아파트와 같은 커뮤니티를 누릴 수 있어서 생활하는데 아파트와 차이가 없는 오피스텔, 소위 말해서 '아파텔(주거용으로 지은 오피스텔로 '아파트'와 '오피스텔'을 합친 말)'이 투자의 대상이다. 2020년 중순에 부동산 상승장이 계속되면서 상승을 막기 위해 정부는 수도권을 규제지역으로 묶고, 주택의 취득세, 종부세, 양도세를 높이면서 규제를 했다. 이로 인해 사람들은 더이상 주택을 매수하기는 힘들게 되었다. 하지만 부동산 상승세가 계속될 것이라고 생각한 사람들은 비주택인 오피스텔, 그중에서도 아파텔에 투자하기 시작했다. 물론 오피스텔 취득세는 주택이 아니기에 4.6%라는 세금을 내야 하지만, 당시 주택 규제로 인해 두 번째 주택부터는 매수할 때 취득세가 8.4~12.4%까지 되었기에 상대적으로 오피스텔 취득세가 저렴했다. 이렇게 '아파텔'은 정부의 주택 규제 정책으로 큰 상승장을 맞이할 수 있었고, 상승률은 아파트의 2배 이상을 웃돈 곳들이 많았다.

아파텔 투자하면서 주의할 점

시세차익을 보려면 아파텔에 투자하는 것이 좋으나 다음의 주의 사항들은 유념해서 투자해야 한다. 아파트에 대한 규제가 해제되면, 아파트 규제로 상대적인 이득을 봤던 아파텔에 대한 수요가 확연히 낮아지게 되고 하락폭은 아파트보다 더 높아진다. 뿐만 아니라 전용 면적에서도 주의를 해야 한다. 아파트와는 다르게 오피스텔에서는 전용 면적에 기타 공용 면적인 경비실, 관리실, 주차장 등의 면적을 포함하게 된다. 동일한 면적이라고 할지라도 아파트와는 다르게 기타 공용 면적이 추가로 포함되었기 때문에 실제로 거주하는 공간은 더 작다. 그래서 아파트와 아파텔 모두 동일한 전용면적 84㎡라고 하더라도, 아파트는 34평인 반면에 아파텔은 25평이다.

현금 흐름에 참 좋은데,
상가 투자 포인트

   내가 부동산 투자 중에서 가장 좋아하는 것을 선택한다면 바로 상가 투자다. 금융 상품으로 따지자면 상가는 배당 주식이고, 아파트는 코스피, 지식산업센터는 채권 같은 느낌이다. 개별종목별로 다른 수익률이 나오고, 임차인을 잘 맞추면 차익도 매우 크기 때문에 장점이 많은 상품이라고 할 수 있다. 상가는 다른 부동산에 비해 현금 흐름이 가장 좋고, 대출도 잘 나오면서 관리하기가 쉽다. 주택은 임차인이 거주하는 곳으로 임차인이 이 주택을 통해 소득을 발생시킬 수 없고 거주 비용이 지출되는 곳이다. 하지만 기본적으로 상가란 임차인이 돈을 버는 곳으로, 좋은 임차인이 들어온다면 훌륭한 월세뿐만 아니라, 월세가 매매가와 연동되기에 차익 또한 클 수 있다.

   보통 대중들은 상가에 투자하는 것을 두려워한다. 우스갯소리로

'상가 투자 잘못하면 패가망신한다'는 이야기를 종종 듣는다. 하지만 경쟁자가 줄어들면 오히려 투자하기 더 좋다. 어떤 분이 강남의 대로변에 있는 건물 1층 상가가 공실인 것을 보고, 강남의 대로변도 공실인데 다른 지역은 투자하기 더 힘든 것 같다는 이야기를 했다. 하지만 과연 정말 강남 건물주가 공실 때문에 힘들어 할까? 그리고 어떻게 하면 좋은 상가를 고를 수 있을까?

유효수요를 파악하자

유효수요란 구매력을 가진 잠재 수요자를 의미한다. 즉, 얼마나 많은 사람이 왔다 갔다 하는지를 보는 것이다. 이렇게 유효수요를 파악해야 상가 예상 매출을 계산할 수 있고, 예상 매출액을 알아야 상가의 적정 임대료를 계산할 수 있다. 그리고 적정 임대료를 알게 되면 매매가도 예상할 수 있으니 투자 여부를 결정할 수 있는 것이다.

그렇다면 유효수요는 어떻게 알 수 있을까? 가장 쉬운 방법은 주택 수로 계산해보는 것이다. 아파트는 더 쉽다. 아파트 세대수는 누구나 쉽게 알 수 있는 것이기 때문이다. 예를 들어, 다음 자료에서 안산시 단원구에 있는 상가를 살펴보자. 아파트 9개 단지가 보이며 세대수는 9,402세대에 이른다. 거의 1만 세대가 거주하는 지역이다. 이렇게 아파트의 경우 유효수요를 쉽게 판단할 수 있다. 하지만 유효수요와 좋은 상가는 별개일 수 있다. 세대수는 아주 많은 편이지만 상

유효수요 파악을 위한 세대수 파악하기

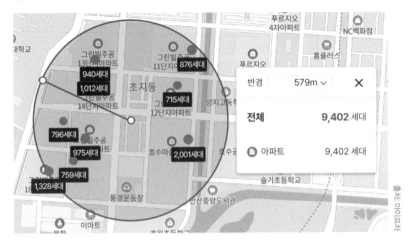

가 건물 또한 아주 많다. 상가 건물당 아파트 기준 500세대의 유효수요가 적정한데 지도상에는 약 40개의 상가 건물이 있다. 따라서 40개 상가 건물이 모두 장사가 되려면 2만 세대가 있어야 하기 때문에 요건을 충족시키지 못한다. 역시 임대료를 확인해보니 임대료가 세대수에 비해 높지 않았다.

주동선을 파악하자

주동선이란 유효수요가 다니는 길로, 사람들이 주로 움직이는 동선을 확인하는 곳이다. 사람들은 주로 최단 노선으로 다니는데, 가장 쉬운 방법은 지하철역을 활용하는 것이다. 다음 자료는 강서구 마곡

강서구 마곡동 양천향교역 인근 부지 모습

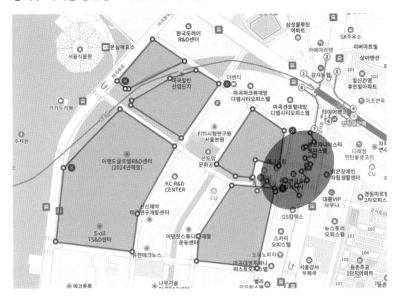

동의 양천향교역이다. 많은 일자리가 생기고 이에 따라 유동인구가 많이 늘어날 것으로 예상된다. 특히 이랜드 및 S-Oil 부지를 제외하면 모두 지식산업센터가 들어올 예정이다.

위 부지 중에서 오른쪽 아래에 있는 부지의 경우, 총 총면적이 21,834평이며, 지상층이 10,676평이고, 지하층이 11,168평이라고 한다. 지식산업센터의 경우 연면적 10평당 1명의 근로자가 근무하는 것으로 계산할 수 있는데, 지상층만 고려해도 최소 1,000명의 유동인구가 늘어난다. 다른 부지까지 포함하면 최소 5,000명의 유동인구가 늘어날 것으로 예상된다. 그렇게 업무지구가 모인 이 지역에서 상권이 가장 좋아질 동선은 색으로 표시한 부분이 될 것이다. 지하철역까지 가장 빨리 갈 수 있는 동선이다. 이 동선에 따라 자연스럽게 매출이 올라갈 것이고, 월세와 매매가격도 올라갈 것이다.

데이터로 검증하자

유효수요, 적정 유효수요 여부, 주동선을 파악했다면 이제는 데이터로 검증해보자. 선부역 인근에 아파트만 선으로 구역 지정을 했다. 물론 빌라가 많으면 면적당 세대수를 대략 계산하겠지만, 선부역 인

선부역 인근 아파트 유효수요

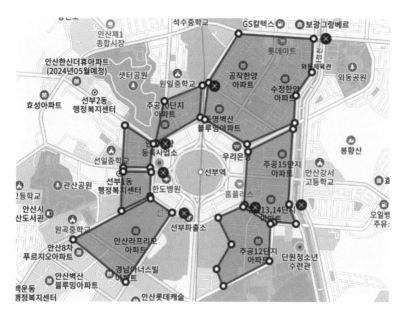

근에는 빌라가 많지 않아 넘어가기로 한다. 지도상으로 보면 선부역 북쪽에 더 많은 세대수가 존재한다. 선부역 아래에는 초지역이 있는데, 초지역은 서해선뿐만 아니라 4호선, 분당선이 모두 지나고 있어 아래쪽에 있는 아파트 거주민들은 초지역으로 향할 것으로 보인다.

데이터상으로도 북쪽에 유동인구가 더 많은 것을 알 수 있다. 1등급 기준으로 일 평균 유동인구는 약 8,000명 이상이며, 5등급 기준으로는 약 2,000명으로 근방인데도 유동인구가 4배 이상 차이 나는 것을 알 수 있다.

더 정확한 데이터를 찾기 위해서는 프랜차이즈 담당자를 활용해볼 수 있다. 과거 꼬마빌딩 건물을 투자하기 위해 꼬마빌딩에 임차

선부역 인근 일 평균 유동인구 순위

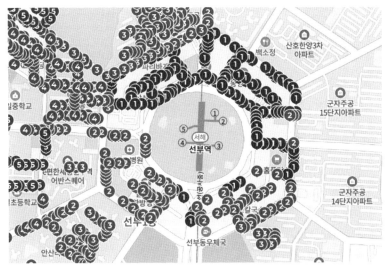

출처: 나이스비즈맵

업종들의 매출을 알아보려고 했었다. 알아보고 있던 꼬마빌딩 1층에 프랜차이즈 편의점이 있었는데, 해당 프랜차이즈 편의점에 전화를 걸어 해당 지역 담당자와 미팅을 요청했다. 새로운 편의점을 해당 지역에 하고 싶은데 비교 지표를 위해 필요하다고 하면서 그 꼬마빌딩 1층에 있던 편의점 매출이 얼마인지 넌지시 물어본 것이다. 해당 프랜차이즈 담당자가 대략적인 매출에 대해 알려주었고, 주변 경쟁점들과 비교해서 어떤 장단점이 있는지까지 확인해주었다. 이는 편의점에만 통하는 방법은 아닐 것이다. 모든 프랜차이즈 담당자는 해당 지역에 점포를 늘리는 것이 목표이고, 부동산 투자자로서도 기회가 닿는다면 해당 프랜차이즈와 계약할 수도 있으니 서로서로 좋은 일 아니겠는가.

월세 받고 시세차익 챙기고, 지식산업센터 투자 포인트

    지금도 지식산업센터가 무엇인지도 모르는 사람들이 많지만, 내가 투자했던 2020년에는 지식산업센터라는 단어가 더 생소했다. 심지어 시중은행에서 대출을 알아볼 때도 지식산업센터 자체를 모르거나, 알아도 정확히는 모르는 직원분들이 많아 직접 설명하기도 했다. 생각해보면 그래서 더 기회였는지도 모른다. 내가 처음 투자를 지식산업센터로 시작한 이유는 지식산업센터의 다양한 장점들이 많기 때문이었다.

    지식산업센터라는 개념은 쉽게 생각해서, 업무용 사무실이라고 이해하면 된다. 지식산업센터는 과거 굴뚝이 있었던 제조업 공장에서 시작한다. 이 제조업 공장에서 제조 중심의 아파트형 공장으로 이어지며 현재의 지식산업센터로 굳어졌다. 우리나라의 산업이 제조업

지식산업센터 사례

에서 지식산업으로 변해감에 따라 지식산업센터라는 이름으로 불리게 된 것이다.

전국 1,235개의 지식산업센터 중 약 81%의 지식산업센터가 수도권에 있다. 수도권에 996개, 비수도권에 239개로 수도권에서는 경기도 556개, 서울 362개, 인천시 78개 순이며, 비수도권에서는 부산 46개, 대구시 33개, 경남 25개 순이다. 특히 서울시에서는 금천구, 성동구, 구로구, 영등포구, 강서구 그리고 송파구 순으로 비중이 크며, 대표적인 지식산업센터 지역은 송파구 문정동, 성동구 성수동, 금천구 가산동이다.

높은 레버리지를 활용할 수 있다

사회초년생과 같이 시드머니가 부족한 사람들에게 높은 레버리지는 큰 도움이 된다. 부동산 하락 이후, 현재는 주택에 대해 부동산 대출 규제를 조금씩 풀면서 대출한도에 대한 규제도 많이 완화되었다. 하지만 그래도 여전히 대출한도에 대한 규제는 존재한다. 반면에 지식산업센터의 경우 최대 90%까지 가능하다. 대출상환에 대한 DSR 및 DTI 규제가 없다. 그래서 신용대출까지 활용하고, 임차인 보증금까지 받으면 투자금이 0원이어도 투자할 수 있다는 큰 장점이 있다.

지식산업센터는 상가와 다르게 실제 사업자분들께서 사무실로 사용하기 위한 수요가 많을 뿐만 아니라, 다양한 가격대 덕분에 소액투자도 가능한 상품이다. 부동산 투자를 지식산업센터로 시작하기 좋은 또 다른 이유는 다른 수익형 부동산에 비해 투자가 쉽기 때문이다. 수익형 부동산의 대표격인 상가의 경우 사람들의 주동선과 배후세대가 매우 중요하다. 하지만 지식산업센터의 경우 주동선보다는 지역과 가격만 잘 알아봐도 쉽게 투자할 수 있다.

월세와 시세차익을 동시에 누리자

지식산업센터 임대를 통해 월세도 받을 수 있지만, 시세차익도 얻을 수 있다. 물론 2022년도까지 매매가격이 많이 오른 것에 비해 월세 금액은 많이 오르지 않아 임대 수익률이 잘 나오지는 않았다. 하지만 2022년도부터 본격적인 금리 인상 이후 2022년도 말부터 매매가는 많이 낮아졌지만, 월세 금액은 오히려 금리가 상승하면서 올라갔다. 금리가 상승함에 따라 임대인은 그만큼의 이자를 임차인에게 전가하기 때문이다. 그래서 2024년부터 금리 인하가 시작된다면, 임대인 입장에서는 이자는 낮아지지만 월세는 오히려 과거보다 더 많이 오른 상태이기 때문에 월세에서 이자를 제외한 순이익이 현재보다 더 높아질 것은 확실하다.

매매가의 경우에는 현재보다 오르는 것은 어쩌면 예정된 사실이다. 서울의 경우 서울 내 지식산업센터를 지을 수 있는 준공업 지역은 서울 전체 면적의 3.3%인 19.98㎢다. 지식산업센터를 지을 수 있는 준공업지역의 토지는 점점 줄어들게 될 것이고, 이로 인해 한정된 준공업지역 토지가격은 올라갈 것이다. 뿐만 아니라 인플레이션으로 인해서 공사비가 많이 올라 신규 분양하는 지식산업센터 분양가에 반영되어 기존 지식산업센터 매매가를 더 끌어올릴 것이다. 2023년 9월 분양을 시작한 강서구 마곡동의 지식산업센터, 아이파크 디어반의 경우 전용 면적 기준 약 4,800만 원에 분양했다. 2021년 강서구 마곡동의 다른 지식산업센터의 경우 전용 면적 기준으로 약 3,400만 원에 분양했었다는 것을 감안할 때, 40% 정도 오른 것을 볼 수 있다.

주택이 아니다

주택의 경우 각종 규제 정책이 많다. 인간 생활의 기본인 의식주 중 하나이기 때문에 어찌 보면 당연하다. 하지만 투자자에게 규제는 걸림돌이다. 그래서 투자자로서 주택에 투자해서 수를 늘리기에는 취득세 중과 부담, 종합부동산세 부담, 양도세 중과 부담이 걱정된다.

1주택자에 대해 세금이 중과되는 것은 없지만, 2주택부터 조정대상지역에서 추가로 주택을 매수하면 취득세는 8%로 올라간다. 3주택을 조정대상지역에 매수하면 취득세는 무려 12%가 된다. 하지만 지식산업센터의 취득세는 4.6%다. 물론 1주택 취득세보다는 높지만 부동산 투자를 할 때 지식산업센터를 여러 채를 매수해도 취득세가 중과되지 않는다.

지식산업센터의 경우 중소기업에 대한 지원을 하기 위해 정부에서는 다양한 인센티브 제도를 운영하고 있다. 정부는 직접 사용할 사업자에 한해서, 〈지방세특례제한법〉을 통해 2025년 12월 말까지 취득세와 재산세를 최대 35%까지 감면해주는 제도를 마련했다. 물론 2022년도까지만 해도 취득세는 50%까지 감면이 적용됐는데 2023년부터 개정되었다. 또한 양도세도 2년만 보유하면 일반과세를 받기 때문에 세금 관점에서도 이점이 많다.

지식산업센터 투자하면서 주의할 점

지식산업센터를 투자하면서 유의해야 할 점이 있는데 그것은 투자하려는 지식산업센터가 국가산업단지에 포함되느냐 여부다. 일반산업단지에 있는 지식산업센터의 경우 매매나 임대가 자유롭지만, 국가산업단지에 있는 지식산업센터의 경우 임대 및 매매에 제한이 많다. 일반산업단지가 대부분이지만, 국가산업단지로는 서울의 경우 구로디지털단지와 가산디지털단지가 있으며, 경기도의 경우 시흥과 안산이 있다. 아무래도 국가산업단지의 경우 실제 입주하는 기업들에 다양한 혜택들이 주어지고, 일반산업단지에 비해 저렴한 분양가로 분양된다. 하지만 이러한 혜택이 있으니 한국산업단지관리공단에서 실사를 나와 업체 및 현황을 파악하는 까다로운 절차를 거친다.

PART 7

사회초년생들을 위한

1억 미만 투자 사례

1,000만 원으로 3억 원
수익 내는 방법
서울시 송파구 지식산업센터

부동산 강의들을 들은 이후에는 같이 들었던 형님분들과 누님분들과 인연을 이어 나갔다. 인연을 이어 나가면서 단순히 술 먹고 밥만 먹었던 것은 아니었다. 서로 아는 지식이 다르고 서로 겪은 경험이 다르기에 서로가 투자했던 노하우들을 알려주는 방향으로 관계가 이어졌다. 주택임대사업자, 경매, 분양권 등 다양한 분야가 많았지만, 당시에 나의 관심을 사로잡은 것은 지식산업센터였다.

지식산업센터는 과거 '아파트형 공장'으로 불렸으며, 외관만 봐서는 깔끔한 사무용 건물이다. 사무용 건물은 내부에 생산시설들을 설치할 수 없는데, 지식산업센터는 생산시설을 설치할 수 있다. 그뿐만 아니라 기존에 일반 공장들과는 다르게 역세권이나 버스가 많이 다니는 좋은 위치에 있어 직원을 구하기도 쉽다. 또한 다양한 부대시설 또한 장점이다. 의원, 카페, 식당은 기본이고, 일부 지식산업센터 안에는 영화관, 어린이집, 헬스장, 기숙사도 존재한다. 특히 직원을 채용할 때 건물 외관 또한 신경을 쓰는 요소인데, 대부분 상당히 예쁘게 짓는 편이다. 최근에는 유리 커튼월 방식으로 짓고 있어 외관으로 봤을 때는 오피스 건물과 견주어 손색이 없다.

지식산업센터에 투자하기로 하고 집 근처였던 과천지식정보타운의 지식산업센터 분양받으려고 준비했다. 2020년 당시 과천 지식산업센터 분양가는 평당 약 1,400만 원이었다. 그런데 지식산업센터에서 가장 좋은 위치인 송파구 문정동 지식산업센터가 약 1,450만 원 정도였다. 아무리 과천 입지가 좋다고 하지만, 업무 용도인 지식산업센터의 경우 과천이 준강남인 송파구의 문정동과는 견주기 어렵다고 분석했다. 명실상부 국내 1위 지식산업센터 입지인 송파구 문정동의 지식산업센터 평당 단가가 과천 지식산업센터와 50만 원밖에 차이가 나지 않는 것은 문정동 지식산업센터가 저평가되었기 때문이라고 판단했다.

그래서 과천 지식산업센터 분양받을 준비를 하면서, 문정동 지식사업센터 매입도 준비했다. 그 당시 과천 지식산업센터의 경우 경쟁이 너무 치열해서 분양받을 수 있을지 없을지 모르는 상태였기 때문이다. 당시 경매를 통해 경매 입찰도 진행하고 급매도 알아보았다. 매각 물건으로 올라온 문정동 지식산업센터를 찾았고 입찰했지만 낙찰에 실패했다. 이때 경매 입찰 참여자가 26명이었으며 경매 낙찰가가

급매가보다 더 높았다.

　이런 경험 등을 통해 지식산업센터 열기가 올라가고 있음을 실감
했고, 문정동 지식사업센터 급매 물건을 매수하기로 했다. 특히 일반
물건 중 시세보다 저렴한 물건을 발견했고 매수하기로 결심했다. 해
당 물건이 저렴했던 이유는 시세 대비 월세가 10~15만 원 정도 낮
았고 매도인이 다른 물건으로 빨리 갈아타려는 시기였기 때문이었
다. 하지만 월세가 시세보다 10~15만 원 낮은 것보다 매매가격이 낮
다는 것이 나에게는 더 큰 이득으로 다가왔다. 상가의 경우 매매가는
월세 수익률로 결정되기 때문에 월세 10만 원 차이는 상가에서는 매
매가에 큰 차이를 줄 수 있는 금액이다. 하지만 지식산업센터의 경우

월세 수익률보다는 대지 가격, 공급 물량 등에 영향을 받는 아파트와 비슷한 성향을 갖고 있어 상가에 비해 상대적으로 월세 수익률이 덜 중요하다.

인생 첫 부동산으로 문정동 지식산업센터를 평당 약 1,450만 원에 계약했다. 분양 면적 약 40평, 매매가 약 5억 원. 담보대출과 신용대출을 합쳐서 5억 원을 받았고, 임차인 보증금 2,000만 원을 제외하고 실투자금 약 1,000만 원으로 투자를 진행했다. 취득세 약 2,000만 원은 신용카드로 할부 6개월로 시원하게 긁었다.

이렇게 자신 있게 투자를 할 수 있었던 이유는 바로 확신이 있었기 때문이었다. 당시 분양 면적 약 40평 기준으로 월세는 월 170만 원 정도였다. 담보대출금리는 3.1%이었고, 신용대출은 3% 중반이었다. 이렇게 총대출 이자는 약 140만 원 정도 되었다. 또한 그 당시 사람들이 지식산업센터에 대한 투자를 많이 하지 않았기 때문에 매매가격이 오를 것이라는 확신도 있었다. 또한 지식산업센터에서 송파구 문정동 지식산업센터보다 하급지인 과천지식정보타운 지식산업센터 분양가가 평당 1,400만 원이면 문정동은 못해도 평당 1,800만 원 정도는 되어야 한다고 생각했다. 사람들이 지식산업센터에 대해 잘 몰랐기 때문에 근처 다른 부동산보다 가격이 덜 오른 상태였다. 부동산은 모두 토지 위에 짓게 되는데 아무리 지식산업센터라고 하지만 인근 아파트 평단가에 비해서 현저하게 낮은 상태였다.

문정동 지식산업센터 인근 문정동 올림픽훼밀리타운 아파트

송파구 지식산업센터 투자 사례

매매금액	525,000,000원
보증금	20,000,000원
대출금	494,000,000원
대출 이자	1,389,558원
월차임	1,400,000원
수익률	140.10%
수익률=(월차임-대출 이자)/투자금	

가 2020년 하반기에 평당 약 6,000만 원 정도였다. 문정동 지식산업센터의 경우 전용 면적으로 계산하더라도 약 2,900만 원으로 인근 부동산에 비해서 현저하게 낮은 상태였다. 어떤 투자든지 사람들이 많이 알게 되고 많이 몰리면 가격이 올라가게 되어 있다. 지식산업센터에 투자가 몰리면 매매가격은 상승하고, 매매가격이 상승하면 임대 수익률이 안 좋아질 수밖에 없다. 당시 내가 투자할 때는 사람들이 투자를 많이 하지 않았던 시기여서 대출을 많이 받아 투자할 수 있었다. 이렇게 대출을 많이 받았어도 월급을 통해 마이너스 통장부터 매월 갚아 나갔고, 현재 마이너스 통장에 대출은 없는 상태다.

2022년 분양 평단가 기준으로 인근 매물이 평당 약 2,800만 원까지 상승했고, 내가 보유했던 물건 기준 호가 최고가는 11억 원 정도까지 갔다. 실거래 금액은 약 10억 원이었다. 부동산 하락장으로 2023년에는 약 8억 원 정도에 시세가 형성되어 있다. 실투자금 약 1,000만 원으로 3년도 안 되는 시간에 차익만 약 3억 원 이상 확보한 투자 성공사례다. 2022년 12월에 착공한 위례신사선이 2027년에 완공된다면, 신문정역이 들어서는 문정동 지식산업센터의 위상 또한

2024년 1월 기준 문정동 지식산업센터 실거래가

더욱 올라갈 것으로 생각된다. 문정동의 경우 이제 더 이상 공급할 땅이 없기에, 문정동 지식산업센터의 경우 그 가치가 장기적으로 계속 상승할 것으로 예상된다.

매도하기로 결심한 이유

호재가 많았음에도 2023년 하반기에 매도했다. 7억 원 후반대에 매도를 진행했다. 매도를 진행한 이유는 현재 부동산 시장에 더 좋은 기회들이 많이 있다는 것을 확인했기 때문이다. 2022년부터 급격한 금리 인상과 최근 몇 년 동안 부동산 가격이 많이 올라 부동산 시장이 조용했다. 마침 임차인분이 나가신다는 소식을 주셔서 매도를 진행할 수 있었다. 지금까지 월세를 매년 5%씩밖에 올리지 않아서 현재 시세인 180~190만 원보다 매우 낮은 154만 원이었는데 이번 기회에 현재 시세만큼 올려받을 수도 있었다. 하지만 임차를 받게 되면 매도하기는 힘든 상황이 된다. 실입주로 매수하려는 매수인에게는 시세에 매도할 수 있지만, 투자자의 경우에는 수익률 또한 중요하기 때문이다. 예를 들어, 월세를 180만 원 받게 되면 연 2,160만 원이다. 그리고 이 월세를 연 4% 수익률로 계산하게 되면, 매매가는 5억 4,000만 원 정도다(2,160만 원÷0.04=5억 4,000만 원).

2023년 기준 금리가 3% 중반인 상황을 고려하면 4% 수익률로 계산하는 것 또한 후한 수치이긴 하다. 물론 송파구 문정동의 지식산업센터라는 희소성을 더해도 매매가가 현재 매매 금액인 7억 원 후

보유기간에 따른 양도세율

구분	구분	09.3.16 ~13.12.31	14.1.1 ~17.12.31	18.1.1 ~3.31	18.4.1 ~21.5.31	21.6.1 ~22.5.9	22.5.10 ~23.5.9
보유 기간	1년 미만	50%	50%(40%)			50%(70%)	
	2년 미만	40%	40%(기본세율)			40%(60%)	
	2년 이상	기본세율					

반대에는 매도하지 못할 것이기 때문이다. 만약 대출금리가 만약 3%
대까지 가게 된다면 임차해도 충분히 매력적인 상품이지만, 대출금
리가 현재 수준을 유지하게 된다면 오로지 실입주하는 회사를 상대
로 매도할 수밖에 없다. 하지만 임차인이 있는 상황이라면 실입주하
는 회사가 입주할 수 없게 되고, 이로 인해 매도를 하기 어려운 상황
이 된다.

특히 지식산업센터의 경우 1년마다 양도세율이 낮아지는데, 1년
미만의 경우 양도세율이 50%이고, 2년 미만의 경우 양도세율 40%
를 적용받게 된다. 하지만 2년 이상 보유하게 되면 기본 세율로 적용

과세표준

과세표준	세율	누진공제	비고
1,400만 원 이하	6%	없음	개정(200만 원 상향)
1,400만 ~5,000만 원 이하	15%	126만 원	개정(400만 원 상향)
5,000만 ~8,800만 원 이하	24%	576만 원	시작구간 상향
8,800만 ~1억 5,000만 원 이하	35%	1,544만 원	기존과 동일
1억 5,000만 ~3억 원 이하	38%	1,994만 원	기존과 동일
3억~5억 원 이하	40%	2,459만 원	기존과 동일
5억~10억 원 이하	42%	3,594만 원	기존과 동일
10억 원 초과	45%	6,594만 원	기존과 동일

받게 된다. 그래서 대부분의 지식산업센터는 2년 이상 보유 후 매도하게 되는데, 여기서 더 양도세를 낮추는 방법이 있다.

바로 장기보유특별공제를 활용하는 것이다. 3년 이상 4년 미만 보유 시 장기보유특별공제로 6%를 공제받게 되고, 매년 2%씩 증가한다. 그래서 매도할 때 장기보유특별공제 3년을 채워서 받기 위해 매수인과 단기임차계약을 추가로 맺었다. 이후 3년을 다 채우고 잔금을 받아 절세를 할 수 있었다.

2024년 지식산업센터 투자는 불가한 상황일까?

가능하다. 경·공매 데이터 전문 업체인 지지옥션에 따르면 2023년도 경매 시장에 나온 지식산업센터는 총 688건으로 2022년도에 경매 시장에 나온 403건에 비해 70%나 늘었다고 한다. 특히 경매 매물 가운데 28.9%만이 낙찰되었다. 오히려 이런 시장일수록 경매로 저렴하게 좋은 물건을 낙찰받는다면 더 좋은 기회일 것이다. 다만 여기서 말하는 좋은 물건 기준이란, 기본적으로 일자리가 많은 지역임과 동시에, 역세권, 지식산업센터 밀집 지역, 그리고 땅값이 상승하는 지역이다. 소위 말해서 서울의 가산동, 문정동, 성수동 등 대표적인 지식산업센터 지역에서 경매로 저렴하게 낙찰받는 것을 추천한다. 특히 최근에 물가가 급등하여 지식산업센터의 분양가 또한 많이 오른 상황이다. 강서구 마곡동에 2023년 9월 분양한 곳의 분양가를

장기보유특별공제율(2021.1.1.~)

보유기간	공제율
3년 이상 4년 미만	6%
4년 이상 5년 미만	8%
5년 이상 6년 미만	10%
6년 이상 7년 미만	12%
7년 이상 8년 미만	14%
8년 이상 9년 미만	16%
9년 이상 10년 미만	18%
10년 이상 11년 미만	20%
11년 이상 12년 미만	22%
12년 이상 13년 미만	24%
13년 이상 14년 미만	26%
14년 이상 15년 미만	28%

알아보니, 분양 평단가가 약 2,400만 원에 육박하고 있었다. 이런 상황에서 과거에 분양했던 분양권이나 경매 혹은 급매로 매수한다면 추후 부동산 상승 시기에 충분히 차익을 낼 수 있다. 사회초년생의 경우 임차인을 대하는 문제 등 수익형 부동산에 대한 두려움이 많을 수가 있는데, 그 기초를 지식산업센터를 통해 경험하고 상가로 넘어간다면 쉬워진다. 지식산업센터는 다른 수익형 부동산에 비해 좀 더 쉽게 투자할 수 있어 첫 단계 투자로 적절하다.

투자금 0원에 5억 원 부동산 매수,
서울시 금천구 지식산업센터

왜 가산동 지식산업센터인가?

처음으로 문정동 지식산업센터 투자를 시작하면서 이렇게 투자 몇 건만 더하면 부자가 될 수 있을 것이라고 생각했다. 그래서 첫 부동산 투자 물건인 문정동 지식산업센터 잔금을 치르기도 전에 다음 지식산업센터 투자를 위해 송파구 문정동과 더불어 지식산업센터 3대 대장인 금천구 가산동과 성동구 성수동 지식산업센터 임장을 다녔다.

지식산업센터에 대해 공부하면서 나만의 투자 기준을 세우는 것이 중요하다고 판단하고 실행에 옮겼다. 나의 투자 기준은 다음과 같다. 기본적으로 일자리가 많은 지역으로, 그중에서도 1) 역세권 2) 지식산업센터 밀집 지역 3) 땅값이 상승하는 지역이었다. 이런 기준으로 가산동과 성수동을 다녀보니 성수동은 역세권에 지가가 상승하는 지역이었지만 지식산업센터가 밀집한 곳은 아니었다. 그런데 가산동은 지식산업센터끼리 모여 있는 지역으로 가치가 있는 곳이었다. 따라서 가산동에 투자를 진행하기로 했다.

하지만 가산동은 국가산업단지로 문정동처럼 일반 투자자가 쉽게 접근할 수 있는 곳은 아니었다. 원칙적으로 국가산업단지 내에 있는 지식산업센터는 바로 매수해서 임대로 줄 수는 없다. 하지만 어떻게든 가능한 방법이 있을 거라고 판단했고 결국 그 방법을 찾았다.

가산동 지식산업센터 투자방법 첫 번째는 국가산업단지 외의 지식산업센터에 투자하는 것이다. 가산동의 모든 지식산업센터가 국가산업단지 내에 있는 것은 아니었다. 대성디폴리스 등 일부 지식산업센터는 산업단지에 포함되어 있지 않았다. 하지만 그런 곳은 투자자들이 합법적으로 투자할 수 있다는 점에서 매력적인 투자처라고 생각했지만, 실질적으로 사용할 업체로서 역과의 거리가 너무 멀어 역 근처의 지식산업센터에 비해 선호도가 떨어질 것으로 판단했다. 역 근처의 매물들과 가격 차이가 엄청나게 크지도 않았다. 추후 임차인이 바뀌어 다시 임차인을 구할 경우에도 역세권에 있는 매물이 더 유리할 것으로 판단되었다.

가산동 지식산업센터 투자방법 두 번째는 업무지원시설에 투자하는 것이다. 국가산업단지 내에 속해 있다고 하더라도 지식산업센터

가산동 지식산업센터 안내도

출처: 현대테리건타워

의 종류 중 하나인 업무지원시설의 경우 일반 투자자가 투자할 수 있다. 평면도를 봤을 때 같은 층에 있어서 같은 용도라고 생각할 수 있지만 엄밀히 다른 용도의 지식산업센터다. 지식산업센터 중 공장과 지원시설의 차이점을 표로 작성해보았다. 각각 장단점이 있다.

지식산업센터 공장과 지원시설의 차이점

구분	공장	지원시설
용도 (건축물 대장)	도심형 공장, 기타 공장	근린생활시설(근생), 창고, 사무소, 운동시설, 기숙사, 어린이집
입주가능업종	제조업, 지식산업, 정보통신(공장등록가능)	제한 없음, 공장등록불가
세제혜택	취등록세 감면(50%) - 5년간 직접사용+ 분양권상태	세제혜택 없음
	재산세 감면(37.5%) - 5년간 직접사용 + 분양권상태	
대출	70~90%(5년간 직접 사용 시 공적자금 대출 혜택	60~70%
주 업종	정보통신, 연구개발, 소프트웨어개발 등	세무사, 변호사, 법무사 사무실 금융(은행), 보험, 교육, 의료, 무역, 판매업 사무실
가격	공급이 많고 지원시설보다 저렴함	입주가능업종 제한이 없고 공급이 적어 공장보다 비싼 편

※ 대표적인 공장 입주 불가능 업종: 무역, 유통, 도소매, 의료기기 판매업/세무사, 회계사, 법무사, 변호사,
공인중개사

결국 역세권의 지식산업센터 물건 중 업무지원시설 물건을 매입
하기로 했다. 역 근처의 매물이라는 점이 가장 큰 이유였고, 이 매물
의 경우 실사업자가 아닌 상황에서 업무지원시설을 매수하는 방법밖
에 없었기 때문이다. 그리고 앞으로 투자를 할 수 있도록 잘 부탁한
다는 의미에서 아내 명의로 등기를 마쳤다. 물론 내 이름으로 매수할
수도 있었지만, 직장인 부부의 경우 한 사람 이름으로 월세를 다 받
으면 종합소득세가 올라가서 부담이 되기 때문에 월세를 나눠서 받
기로 했다. 세금을 적게 내는 전략 중 하나다.

실투자금 없이 어떻게 투자에 성공했나?

분양 면적 약 36평 매매가 5억 원, 담보대출과 신용대출 합쳐서 4억 4,000만 원, 임차인 보증금 1,800만 원에 아내 명의의 마이너스 통장으로 6,000만 원을 받았다. 혹시 몰라서 마이너스 통장 한도를 더 열어두었다. 취득세는 약 2,000만 원을 카드 할부 6개월로 긁었다. 대출을 많이 받을 수 있어 실투자금은 들지 않았다.

아내가 외국 국적이라 다소 힘든 부분도 있었다. 외국 국적이기에 대출을 갚지 않고 해외로 이주하면 대출 회수가 힘들다고 생각했는지 아내 이름으로 임대사업자를 등록할 때 배우자인 나의 명의로 지분 10%를 갖고 있을 것을 요구했다. 특히 마이너스 통장을 개설할 때 더욱 힘들었는데, 외국 국적이라 마이너스 통장을 아예 개설해주지 않았다. 하지만 KEB하나은행은 하나은행과 과거에 외환을 거래했던 한국외환은행이 합병한 은행이었기에 혹시나 하는 생각으로 KEB하나은행에 아내와 함께 방문했다. 결과는 성공이었다. 물론 은행에서는 배우자인 나에게 보증을 서라고 했고 당연히 보증에 동의했다.

이렇게 대출을 많이 받아도 이자는 걱정하지 않았다. 월세로 이자를 내고도 남았기 때문이다. 당시 월세는 180만 원이었고, 이자는 약 120만 원이었다. 0원으로 투자해도 매월 60만원이 남았다. 최근에는 임대차를 또 갱신해서 약 200만 원까지 올려 받았다.

현재 업무지원시설은 매물이 귀하고, 부동산 거래가 활발하지는 않아서 정확한 시세를 파악하기는 힘들다. 비록 부동산이 하락장으로 인해 얼어붙은 상태지만, 실사용 매수자로부터 7억 5,000만 원 이상은 받을 수 있을 것이다. 0원 투자로 차익 2억 5,000만 원 이상을 거둘 수 있을 것으로 기대하고 있다.

가산동은 2024년도까지 공급이 많은 지역이다. 어반워크, 퍼블릭, DK타워 등 입주물량은 많고, 지금까지도 항상 물량이 많지만 신기하게 지금까지 악성 공실인 곳은 없다. 그만큼 기업들이 입주하고 싶어 하는 지역이고, 이를 증명하듯 가산디지털단지역은 전국 지하철 이용객 10위의 엄청난 인파가 몰리는 곳이다. 그뿐 아니라 서부 간선도로 지하화로 공원이 생기고, 가산디지털단지역 리모델링 호재가 있다. 특히 2024년까지 현재 지어지고 있는 지식산업센터들의 입주가 끝나면 한동안 공급이 없을 것이다. 이에 따라 매매가는 더욱 올라갈 것이고, 특히 희소성이 강한 업무지원시설의 가치는 더 올라갈 것으로 기대된다.

경매로 7억 원의 상가 0원에 낙찰,
안산시 단원구 상가

매매가 5억 원에 월세 200만 원 나오는 강남 상가와 매매가가 같은 5억 원에 월세는 250만 원 나오는 안산 상가 중 당신은 어떤 상가를 매수할 것인가? 나의 경우 당연히 안산 상가를 선택할 것이다. 물론 상가의 주동선*이 좋고 유효수요가 많아야 앞으로 상가의 월세가 상승할 수 있다는 조건은 있지만, 상가 투자의 핵심은 월세 수익률이다. 월세 수익률에 따라 상가 매매가가 결정된다. 그래서 상가 투자를 할 때는 지역의 가치보다 월세가 잘 나오고 있거나 앞으로 잘 나올 상가를 선택하면 된다.

상가 수익률이 매매가와 직결되기 때문에 일반매매로 상가를 저

---

* 동선이란 국어사전에 따르면 '건축물의 내외부에서 사람이나 물건이 어떤 목적이나 작업을 위하여 움직이는 자취나 방향을 나타내는 선'을 뜻한다. 상권분석에서 주동선은 사람이 많이 다니는 길을 말한다.

럼하게 매수하는 것은 쉽지 않다. 그렇다고 아파트처럼 분양을 통해 상가를 받게 되면 대부분 너무 높은 가격에 매수할 확률이 높다. 그래서 내가 내린 결론은 상가는 경매로 매수해야 한다는 것이었다. 그러다 친지분이 알려준 안산시 단원구에 있는 중심상가 물건을 발견했다. 경매 입찰 기일 일주일도 안 남은 시기에 알게 되었는데, 그 당시 부동산 시세와 월세 시세 및 입지에 대한 조사 끝에 입찰하기로 했다.

A급 상가가 아님에도 경매 입찰하기로 한 이유

입찰할 물건은 지역 내에서 A급 위치는 아니었지만, A급 중심상가에 비해서 상가 규모가 더 컸으며 지하 주차장이 더 넓었다. 특히 그 지역 안에 대형 평수의 상가가 많이 없었는데, 경매로 나온 상가의 크기는 전용 면적 기준으로 78평이었고, 상대적으로 큰 평수의 상가로 희소성이 있을 것으로 판단했다. 특히, A급 위치가 아니라고 판단한 이유는 배후 세대수였다. 인근 상가에 비해 배후 세대수가 작았기 때문인데, 경매로 나온 상가의 배후 아파트가 재건축을 추진 중이었기 때문에 재건축된다면 현재 800세대에서 2,000세대가 넘는 세대수가 확보될 수 있는 위치였다. 배후 아파트가 재건축하면 배후 세대수가 늘게 되고 상가의 등급이 올라갈 것이라고 충분히 예측할 수 있었다.

또한 2021년에 같은 건물 내에 비슷한 평수의 상가가 전용 평당 1,000만 원이 넘는 금액에 매도되었고, 그 지역 중개사 사무실을 3곳 정도 알아본 결과 월세도 전용 평당 3만 5,000원~4만 원 정도로 형성되어 있어 보증금 4,000만 원에 250만 원 정도는 충분히 받을 수 있다고 판단했다. 경매로 나온 상가를 제외하면 해당 상가 건물에 공실이 없었다. 또한 상가 월세는 1층 월세를 바탕으로 추정할 수 있는데, 1층 월세가 전용 평당 10~11만 원 정도에 거래되고 있어 5층인 나의 물건의 경우 전용 평당 3만 5,000원은 월세로 충분히 받을 수 있다고 판단했다. 그뿐 아니라 권리분석과 더불어 전 소유주와 이야기한 결과 해당 물건의 과거에 대해 알 수 있었고, 유치권, 임차권 등 모두 권리분석상 문제될 것이 없다고 판단했다.

결국 입찰하기로 했다. 입찰 기일이 평일이므로 직장인인 내가 직접 가기는 힘든 상황이어서 가족에게 대리 입찰을 맡겨 입찰을 진행했다. 참고로 대리인의 경우 가족 중에 경매를 아는 사람이 있으면 가족이 제일 좋다. 필요한 경매 대리 입찰 서류는 1) 본인 인감증명서 2) 본인 인감도장 3) 입찰 보증금 4) 대리인 신분증 5) 대리인 도장 6) 위임장으로 총 6개다. 입찰 보증금을 비롯해서 함부로 맡길 수 없는 매우 중요한 것들이므로 가족을 활용하는 것이 가장 마음 편하다. 하지만 가족 또한 시간이 되지 않는다면, 입찰 대리 자격을 갖춘 공인중개사, 법무사, 변호사만 자격이 있으니 참고해서 대리 입찰을 맡기면 된다.

투자금 0원으로 투자할 수 있었던 이유

드디어 낙찰받았다. 총 9명이 신청했을 만큼 괜찮은 물건이었다. 낙찰가 약 3억 7,000만 원에 은행에서 대출 3억 2,000만 원을 4% 초반에 대출받을 수 있었다. 원래는 약 3억 7,000만 원이 아니라 더 낮은 금액으로 입찰하려고 했는데 생각보다 많은 사람이 몰려서 입찰 가격을 소폭 올렸고 다행히 낙찰받을 수 있었다. 법원에서 경매를 낙찰받으면 대출받으라고 대출 중개 명함을 나눠주는데 여러 곳을 알아본 결과 대출을 가장 많이 해주는 곳으로 선택했다. 월 이자는 약 100만 원 초반대로 나왔으며 임차인을 구해 보증금 4,000만 원에 월세 250만 원을 받으면 매달 150만 원 이상의 순이익이 나올 수 있는 물건이었다. 투자금을 최소화하기 위해 가족으로부터 돈을 빌렸고 월 이자를 꼬박꼬박 드리기로 했다. 또한 전 소유자로부터 상가 내 골프 연습기기를 받기로 한 터라, 직접 상가를 사용할 계획이었기 때문에 임차인을 당장 알아보지는 않았다.

미납 관리비 1억 원에서 3,000만 원대로

전 소유주의 미납 관리비는 낙찰자에게 승계가 되기 때문에 미납 관리비를 추가로 내야 했다. 입찰 전에 알아본 미납 관리비*는 약 1억 원 정도 되었다. 하지만 낙찰 이후에 관리업체와 협상 끝에 1억 원이 아니라 약 3,700만 원에 협상할 수 있었다.

미납 관리비를 낮추기 위해 협상할 때는 관리업체의 입장에서 생각해보는 것이 중요하다. 관리업체에서는 하루라도 빨리 미납 관리비를 받고 싶어 하고, 미납 관리비를 받은 이후에는 매월 관리비를 받고 싶어 한다. 그리고 현재는 관리업체가 금액을 낮춰줄지를 결정하는 위치이지만, 낙찰자가 관리비를 납부한 이후에는 관리단에 소속되어 그 관리업체를 고용하는 입장이 된다. 만약 미납 관리비가 너무 많은 상황에서 낙찰자가 물건을 포기하고 다시 재경매로 넘어가게 된다면 관리업체에서는 관리비를 계속 받지 못하는 상황이 이어진다. 특히 미납 관리비 문제는, 관리업체에서 제대로 관리비를 받지 못한 책임도 있으므로 복합적인 상황을 잘 고려해서 협상을 진행하는 것이 중요하다.

나의 경우 '병 주고 약 주고' 방법을 시도했다. 일단은 과거 3년과 시효 중단된 관리비 합계 금액은 약 4,600만 원이었다. 4,600만 원부터 협상을 시작했고, 협상의 우위를 점하기 위해서 관리업체에서 제일 싫어하는 상황을 가정했다. 미납 관리비가 너무 많아서 만약 협상이 제대로 안 되면 물건을 포기하려고 한다고 얘기한 것이다. 그랬더니 금액을 3,900만 원까지 조율해주셨다. 이에 만족하지 않고 한 발 더 나가 사회초년생인 점을 어필했다. 부동산 투자를 할 때 중개사사

---

* 미납 관리비의 경우 과거 3년치에 해당하는 공용 부분에 대해서만 낙찰자가 인수하지만, 3년이 지난 관리비 채권이라도 3년이 지나기 전에 판결 등의 권리행사로 시효가 중단됐다면 이를 청구할 수 있다.

무실을 방문하면, 나이가 어려서 처음에는 대응을 잘 안 해주는 바람에 기분이 나빴던 적이 많았는데 이번에는 오히려 나이가 어린 점을 활용했다. 그래서 관리업체를 찾아가서 나이가 어리므로 연봉이 낮은데 미납 관리비가 너무 부담스러워서 어려움이 많으니 더 조율해줄 것을 직접 찾아가 정중하게 어필했다. 이렇게 3,800만 원까지 낮출 수 있었다.

이에 만족하지 않고 납부하기 직전에 다시 한 번 금액을 낮춰 달라고 요청드렸고, 결국 3,700만 원에 협상할 수 있었다. 20개월 분납으로 협상을 유도하여 목돈이 들어가지 않고 나누어낼 수 있는 시간도 벌었다. 이렇게 나누어 내면서 전 소유주를 상대로 구상권*을 청구할 수 있었다. 현재 구상권을 청구한 상태이며 전 소유주의 주택에 가압류**를 걸어놓은 상태다. 소송을 통해 미납 관리비를 받을 수 있으며, 만약 미납 관리비를 다 받지 못할 경우 추후 부동산을 매도할 때 미납 관리비를 비용으로 인정받아 못 받은 미납 관리비만큼 양도차익에서 제외할 수 있다.

이 물건 이후로 상가 투자의 매력에 빠져 상가 위주로 투자하기로 결심한 계기가 되었다. 모두가 이렇게 결과가 좋은 협상을 이끌어낼

---

* 구상권은 남의 빚을 갚아준 사람이 그 사람에 대하여 갖는 반환청구의 권리를 말한다.

** 금전채권이나 금전으로 환산할 수 있는 채권에 대하여 장래에 실시할 강제집행이 불능이 되거나 현저히 곤란할 염려가 있는 경우에 미리 채무자의 현재의 재산을 압류하여 확보함으로써 강제집행을 보전함을 목적으로 하는 명령 또는 그 집행으로써 하는 처분을 말한다. 즉, 추후 돈을 받지 못할 것을 대비해서 채무자의 재산에 미리 압류를 걸어두는 것이다.

수는 없겠지만, 적절한 타이밍에 적절한 시도는 꼭 필요하다. 2024년 기준 부동산 시장이 많이 하락하고 경제도 좋지 않지만, 오히려 역발상으로 상가에 투자하기 좋은 시기라고 할 수 있다.

구상권 청구를 위한 가압류 예시

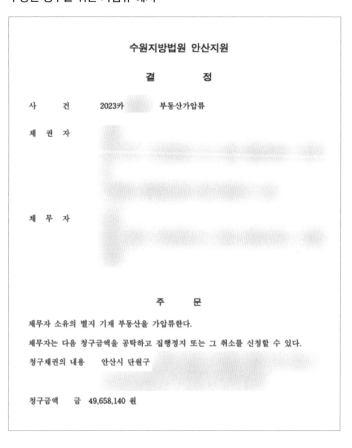

200만 원으로 재개발 지역 갭 투자,

화성시 송산동 오피스텔

"투자의 첫 번째 원칙은 돈을 잃지 않는 것이고,

두 번째 원칙은 첫 번째 원칙을 절대로 잊지 않는 것이다."

가치투자의 대가 워런 버핏이 가장 강조하는 투자 철칙이다. 부동산에서도 위 원칙은 필수적인데, 그중 하나의 방법이 재개발에 투자하는 것이다. 하지만 수도권 지역의 경우 재개발 지역에 투자하려면 돈이 많이 들어간다. 사회초년생 특성상 돈이 많지 않아 재개발에 투자할 돈은 없었다. 그러던 중 병점역 인근에 엄청난 소액으로 투자할 수 있는 재개발 물건을 발견했고 법인으로 투자했다.

송산동 병점역 인근 재개발 지역

재개발 사업이란?

재개발 사업은 정비기반시설이 열악하고 노후·불량 건축물이 밀집한 지역에서 주거 환경을 개선하거나 상업지역·공업지역 등에서 도시 기능의 회복과 상권 활성화 등을 위해 도시 환경을 개선하는 사업이다. 쉽게 말해, 동네를 모두 개발하여 주민들이 깔끔하게 거주할 수 있게 해주는 사업이다. 재건축과 재개발의 차이는 기반 시설이 열악한지 혹은 양호한지에 따라서 갈린다. 기반 시설 중 도로를 보면 확인하기 쉬운데, 쉽게 생각해서 도로가 꼬불꼬불한 지역이 기반 시설이 열악하고, 도로가 반듯반듯한 지역이 기반 시설이 양호한 것으로 판단하면 쉽다.

200만 원으로 재개발 예정 지역에 투자를?

이 물건은 오피스텔 갭투자를 활용해서 엄청나게 소액으로 투자한 케이스였다. 우연히 화성시 송산동 병점역 인근에 재개발 지역에 있는 오피스텔 매물에 대해 듣게 되었다. 14평 오피스텔인데 매매가가 4,500만 원이었다. 그리고 '2030 화성시 주거환경정비기본계획' 공람 자료를 보니 해당 오피스텔이 재개발 예정 구역 내에 포함되어

재개발과 재건축 차이점

	재개발	재건축
조합원 자격	건물과 토지 중 하나만 소유하면 별도의 동의 절차 없이 조합 설립과 함께 조합원이 됨	건물과 토지 모두 소유해야 하고, 조합 설립에 동의해야 조합원이 됨 (미동의 시 청산 대상이 됨)
기존 세입자 주거이주비 및 보상	보상해줘야 함	보상 안 해줘도 됨
필요한 투자 금액	비교적 낮음	비교적 높음
현금청산 방법	감정평가액 기준 / 수용 방식	시세 기준/ 매도 청구 방식
현금청산자 비율	비교적 많음	비교적 적음
안전진단	실시하지 않음	실시함
사업진행 원활도	비교적 원활하지 않음	비교적 원활함

재개발 사업 진행 순서

1 구역지정	**2** 조합설립추진 위원회 구성	**3** 조합설립 인가	**4** 사업시행 인가	**5** 분양신청
6 관리처분 계획인가	**7** 철거 및 착공	**8** 준공인가	**9** 확정측량	**10** 해산 및 청산

있었다. 물론 극초기단계여서 매매가가 굉장히 저렴했는데, 아직 구역 지정 전 예정 구역이었으며, 조합 설립 전에 조합 추진위원회 설립을 준비하고 있는 단계였다.

극초기단계이기 때문에 혹시 예정 구역도 해제될 수도 있다는 생각이 들었다. 무엇보다 예정 구역이 해제되어도 매매가격이 하락하지 않는 것이 중요했다. 이를 확인하기 위해 주위 시세를 파악해보고 중개사분들께도 확인해보니, 매매가격이 아직 재개발 호재를 반영하지 않은 것으로 판단되었다. 매매가 4,500만 원으로 전세가 4,000만 원 이상은 충분히 받을 수 있을 것 같았다. 다행히 잔금을 치르기 전에 전세를 4,300만 원에 맞출 수 있었다. 무려 200만 원 갭 투자로 재개발 예정 지역 물건에 투자하게 된 것이다. 2022년 3월에 단돈 200만 원으로 투자한 오피스텔은 2022년 11월 더 낮은 층 매물이 5,500만 원에 실거래가 되면서 8개월 만에 약 25%가 올랐다는 것을 알 수

안녕 3구역 재개발 정비 사업 예상 배치도

있었다.

　이렇게 오른 이유는 여러 가지다. 우선 2022년 11월에 재개발 주민 설명회를 개최했고, 동의서 징수를 시작했는데 조합에 따르면 50% 이상 동의했다고 한다. 그뿐 아니라 병점역은 동탄 트램, GTX-C 노선 유치 계획, 수원 군공항 이전 등 앞으로 좋아질 호재가 많은 지역이다. 이런 지역의 오피스텔이라면 앞으로 물가 상승으로 인해 해당 가격으로는 절대 지을 수 없을 것으로 판단했다. 특히 이곳은 화성시의 재개발 예정 구역 중 면적이 가장 큰데, 조합에 따르면 소유자도 260명으로 적은 편이고, 건축 가능 세대수도 1,200세대로 일반 분양이 많이 될 것으로 예상된다.

오피스텔로 재개발 투자가 가능해요?

물론 가능하다. 이렇게 질문하는 분들이라면 재개발에 관해 어느 정도 공부를 한 분들이다. 이 오피스텔을 매수했을 당시 2022년 초 서울시 조례 기준으로는 오피스텔은 입주권이 나오지 않았다. 하지만 경기도는 해당 조례가 없었다. 그래서 경기도 재개발 투자로 오피스텔 매수는 더 기회가 된다고 판단했다. 물론 2022년 10월 서울시 조례를 통해 오피스텔도 입주권이 나올 수 있는 규정으로 변경되었다. 그뿐 아니라 서울시의 경우 신조례에 의해 90㎡ 이상 토지를 소유해야 조합원 자격을 주지만, 경기도의 경우 특별 조항이 없어서 1㎡ 토지도 입주권이 부여될 수 있다고 판단했다.

법인으로 재개발 투자할 수 있나요?

가능하다. 이렇게 질문하는 분들도 재개발을 공부한 분들이다. 중도금 대출 때문인데 과거에는 안 되는 경우가 많았지만, 2023년 1월 3일 정부의 대책 이후 법인 조합원도 이주비 대출과 중도금 대출이 가능해졌다. 물론, 법인의 경우 금융권에 따라 불가 판정을 받을 수도 있는데 보증서 발급 대상 자체가 안 된다고 반대하는 경우다.

지금 투자한 물건이 재개발이 되려면 시간이 오래 걸리기 때문에 그 시기에 가서 법인 대출 정책은 얼마든지 바뀔 수 있다. 따라서 항상 신경을 써야 할 것이다. 그때그때 상황에 맞게 판단해야겠지만, 현재 생각으로는 관리처분 인가 전에 매도할 계획이다. 법인으로 재개발 물건에 투자하면 정부 정책이 바뀔 리스크가 존재하는데, 관리처분 인가가 지난 이후에 매도하게 되면 그 매수자의 조합원 지위가 인정되지 않기 때문이다. 따라서 관리처분 인가 이후까지 이 물건을 보유하는 것은 정부 정책 리스크가 너무 크기에 그 전에 매도할 계획 중이다.

0원으로 강남 상가 경매 낙찰,
서울시 강남구 상가

　지금까지 나의 투자 이야기를 담았다. 하지만 나만 특별한 것이 아니라 누구나 노력하면 투자를 잘 할 수 있다는 것을 보여드리기 위해 나의 지인인 읽쭈님의 투자 사례도 공유하고자 한다. 현재 읽쭈님은 직업 군인으로 나처럼 20대 사회초년생부터 투자를 시작한 분이었기에 모범 사례가 될 것 같아 이렇게 사례를 부탁했다.

　사회초년생의 경우 투자금이 별로 없어서 투자금을 모으는 시간에 대한 스트레스와 걱정이 많다. 하지만 읽쭈님처럼 공매를 통해서 대출을 잘 활용한다면 소액으로 심지어는 0원으로 투자가 가능하다. 흔히들 강남 상가는 살 수 없을 것으로 생각하고 포기하곤 한다. 특히, 지하상가의 경우 자신이 없어 투자하지 못하는 경우가 많은데 그러한 두려움을 깨부순 좋은 사례가 될 것이다.

서울시 강남구 역삼동 물건 정보

상가에 투자한 이유

읽쭈님은 상가 투자를 하기 전에는 주택 위주로 투자하고 있었다. 아무래도 주택에 투자할 경우 세입자들의 요청 사항이 많은데, 새벽에도 오는 전화로 인해 스트레스를 많이 받았다. 그래서 모든 주택 물건을 팔아버리고 상가에 투자하기로 했다. 상가는 임차인이 스스로 모든 걸 알아서 고쳐 사용했고, 전화를 받을 일이 없어 매우 좋았다고 한다. 특히, 상가는 임차인이 돈을 버는 곳이기에 수익률도 높고, 사람들이 많이 이용하면 당연히 가격이 오른다. 그렇게 0원으로 3개월 만에 월세 210만 원을 받을 수 있게 된다.

낙찰받은 강남 역삼동 빌딩 상가 물건

공매로 상가에 입찰하게 된 과정

읽쭈님은 주로 경매나 공매 물건에 관심이 많았는데, 우연히 눈에 띄는 그 물건을 발견하게 되었다고 한다. 강남 상가들이 다량으로 나온 물건이었다. 이렇게 한 건물에 많은 물건이 동시에 나올 경우 엄청난 기회가 된다. 비슷한 조건의 여러 물건이 나오면서 경쟁이 분산되는 것이다. 대부분의 사람들은 욕심 때문에 1, 2위의 물건에 관심을 쏟게 된다. 이때 읽쭈님은 3, 4위의 물건을 주로 분석했다. 특히 물건을 실제로 방문하여 실질적으로 사람들이 어느 방향으로 가는지, 얼마나 많은 사람이 지나다니는지 등 현장에서만 알 수 있는 정보를 수집했다.

읽쭈님이 말하는 투자 스토리

낙찰받은 물건은 강남 역삼동의 빌딩 상가 물건이었다. 1km 이내에 거주하는 사람은 약 5만 명 정도 되었고, 상주 직장인만 30만 명이 넘었다. 이곳의 유동인구만 약 50만 명 정도 되는 엄청난 입지였다. 일단 유효수요만큼은 엄청난 물건이라는 생각이 들었다. 그뿐 아니라 걸어서 1분만 움직이면 2호선과 수인분당선이 이어지는 선릉역이 있었고, 건물의 뒤쪽 출입구는 아파트 출입구와 마주 보고 있었다. 그래서 많은 사람이 역을 가기 위해서라도 이곳을 지나갈 수밖에 없었다. 즉, 이곳의 엄청난 유효수요들의 주동선이 이 건물이었다.

또한 특이한 점이 있었다. 실제로 방문해보니 1층이 텅텅 비어 있었다. 1층에는 카페나 편의점 말고는 가게가 없었다. 이상했다. 이렇게 많은 사람이 엘리베이터와 에스컬레이터를 이용하고 있는데 말이다. 도대체 이들은 어디를 그렇게 가는 것일까? 궁금해서 읽쭈님은 그 동선을 하나씩 따라가 보았다. 그랬더니 대부분의 사람들이 1층이 아닌 지하 1층으로 간다는 사실을 알게 되었다. 지하 1층에는 각종

낙찰 받은 강남 역삼동 빌딩의 지하상가 모습

식당과 카페, 다양한 가게들이 있었다. 그리고 엄청난 사람들이 그곳을 지나다니고 있어 늘 붐볐다.

이때 소름이 돋았다. 당연하게 1층이 가장 좋다고 여겼는데 직접 방문한 결과 이렇게 생각이 바뀔 수 있다는 게 신기했다. 이곳 역삼동의 특성상 대부분의 사람이 직장인이거나 아이를 동반한 주부들이었다. 이 건물에만 10만 명 가까이 되는 상주 직장인이 있었다.

그렇다면 그들은 주로 어떤 목적으로 이곳을 지나갔을까? 대부분 점심시간이나 쉬는 시간마다 식당과 카페를 찾아왔다. 즉, 지하 1층에 식당과 카페 등이 모여 있다 보니 당연히 이곳을 방문하기 위한 목적으로 움직였다. 이 대로변에서 이 건물만큼 점심시간에 이용하기 좋은 가게가 몰려 있는 곳이 없었기 때문이다. 이곳에 거주하거나 출근을 하는 사람이라면 다들 한 번씩은 이 건물의 지하1층을 이용해봤다고 할 정도였다. 이렇게 수요가 엄청나다는 것은 확인했으니 이제 이 물건의 진짜 가치를 판단할 때다.

상가 입찰가 계산하기

상가 입찰가를 계산하기 위해 우선 네이버 부동산 앱을 통해 이 건물의 매물을 검색해보았다. 생각보다 나온 물건이 적었다. 이 건물의 가게 대부분은 이미 장사가 잘되고 있기 때문에 나갈 생각을 안 하는 것이다. 건설사의 분양 실패로 인해 몇 개 나와 있는 물건이 전부였다. 그나마 나와 있는 물건들은 가장 안쪽에 있는 코너 식당의 물건이었다. 이 물건들은 평당 12만 원 이상의 가격을 형성하고 있었다. 즉, 중개로 나온 가격대가 평당 12만 원 정도였다.

이렇게 중개로 나오는 거래 가격을 파악했다면 이제는 실거래가를 파악할 차례다. 실거래가는 앞에서 설명한 것처럼 디스코라는 앱을 활용하면 쉽게 알 수가 있다. 그렇게 확인한 실거래가는 더 엄청 났다. 해당 물건의 바로 옆에 있는 물건의 실거래가가 나와 있었는데 그 물건의 실거래가가 평당 15만 원이었다. 조합해보면 이 물건은 평당 12만 원에서 15만 원 사이의 가치가 있다는 것이다. 적어도 평당 13만 원의 가치는 있다고 봐도 무방했다.

공매 경쟁률 분석하기

그럼 이제 경쟁률을 분석할 차례다. 읽쭈님은 같은 층의 물건들의 경쟁률을 먼저 분석했고, 경쟁을 낮출 조건들을 찾아보았다. 그중 특이한 조건을 하나 찾는다. 일반적으로 공개된 정보에는 이 물건이 지하 2층으로 표시되어 있었다. 그런데 실질적으로 이 물건은 지하 1층의 물건이었다. 이게 무슨 말일까? 서울이나 부산의 경우 이런 물건이 많다. 이건 경사진 도로에 건물을 지으면서 발생하는 오류다. 도로가 경사져 있어, 건물의 뒤쪽은 높은 곳에 지어져 2층에 출입구가 있고, 건물의 앞쪽은 낮은 곳에 지어져 1층에 출입구가 있는 경우다.

심지어 이 물건은 뒤쪽의 입구가 무려 3층에 있었고 앞쪽 입구는 지하 1층에 있었다. 실질적으로 직접 방문하고 자료를 더 분석해서 알아낸 사람들도 있겠지만 그 사람들은 이곳을 지하 1층이라고 착각하고 있을 것이다. 이 건물에서는 지하 1층이 아니라 지하 2층의 물건 중에 찾아야 하는 것이었다. 감정평가서에 의한 감정가는 약 7억 원, 그런데 지하 2층이라는 이유 때문인지 유찰이 된 물건이 있었다. 그것도 무려 3억 5,000만 원에 말이다. 물건을 찾고 난 뒤 떨림이 멈추지 않을 정도였다고 한다.

그리고 읽쭈님은 이 기회를 놓치지 않았다. 입찰가에서 딱 500만 원만 높게 입찰가를 선정해서 입찰했고, 결과는 낙찰이었다. 읽쭈님 말고도 입찰자가 무려 8명이나 있었고 그 와중에도 공동 1등으로 입찰이 되어 추첨까지 해서 낙찰받을 수 있었다. 그렇게 적어도 6억 원의 가치를 가진 이 물건을 3억 5,000만 원에 낙찰받은 것이다.

0원으로 강남 상가 낙찰?

자금을 어떻게 마련해야 할까? 읽쭈님은 당시 갖고 있는 돈도 없는 상태로 0원으로 투자해야 했다. 그렇기에 유찰이 되었다고 하지만 3억 5,000만 원이라는 큰돈이 필요했다. 그렇다면 도대체 어떻게 이 3억 5,000만 원을 구할 수 있었을까?

은행을 통해서 담보대출을 받게 되었고, 2%대의 금리로 2억 5,000만 원을 대출받았다. 그리고 나머지 7,000만 원 중 5,000만 원을 신용대출로 해결하고, 7,000만 원 중 2,000만 원은 임차인 보증금으로 구했다고 한다. 임차인 보증금 2,000만 원에 월세 210만 원으로 계약했고, 이렇게 읽쭈님은 60일 만에 실투자금 0원으로 강남의 상가 주인이 되었다.

낙찰가	350,000,000원
담보대출	280,000,000원
신용대출	50,000,000원
임차인 보증금	20,000,000원

투자를 통해 달라진 인생

기업들은 앞으로의 미래 먹거리에 대해 관심이 많습니다. 바이오, 로봇, 우주 등 각 회사의 신산업에 대해서 항상 고민하고 투자합니다. 하지만 미래 먹거리에 대한 고민은 기업에만 해당하는 것은 아닙니다. 개인도 미래 먹거리에 대해 고민해야 하는 세상입니다. 물론 본업을 등한시하면 안 되겠지만 본업만 해서는 살아남지 못하는 세상이 왔습니다.

저는 본업이 직장인이지만 미래 먹거리로 부동산 투자를 선택했습니다. 그리고 부동산 투자 덕분에 삶이 180도 달라졌습니다. 가장 좋은 점은 가족들을 위해서 앞으로 경제적으로 안정적으로 지원해줄 수 있는 자신감이 생겼다는 것입니다. 꿈에 그리던 내 집 마련을 하고 난 후 세입자 신세에서 벗어나 2년마다 이사할 걱정이 사라졌습니다. 그리고 매달 들어오는 월세 덕분에 야근이 없는 날에는 가족과 즐겁게 외식을 합니다. 특히 코로나로 인해서 생각지도 못한 불행이 아내에게 찾아왔을 때 큰 충격 없이 지나갈 수 있었습니다. 아내와 아들을 위해 상주 이모님을 고용할 수 있었고, 산후조리원에서 매일 고가의 마사지를 지원해줄 수 있었습니다.

하지만 불과 몇 년 전만 하더라도 저는 불공평하게 보였던 세상을 원망하고, 우리나라 정부를 원망하고, 철없게도 저를 낳아주신 부모님을 원망했었습니다. 특히 결혼 후 청약에 도전하기 위해 전세 대출 5억 원을 받아 과천으로 이사를 했었는데, 당시 정부 정책 때문에 청약에 대한 꿈을 접었을 때는 아내 몰래 정말 펑펑 울기도 했습니다. 너무나도 큰 대출을 받아 연고도 없던 과천으로 이사를 했는데, 정부 정책 하나로 인해 저의 꿈이 단번에 무너져내렸기 때문입니다.

하지만 저는 포기하지 않았습니다. 오히려 이러한 아픔이 있었기에 강해질 수 있었습니다. 책《부자 아빠 가난한 아빠》를 시작으로, 손에 잡히는 재테크 서적들을 모두 읽어나갔습니다. 그리고 꿈이 생겼습니다. 인생에서 기회를 찾을 수 있을 것 같은 희망을 보았기 때문입니다. 그뿐 아니라 부동산 강의를 들으면서 생생한 지식까지 배워나갔고, 수업에서 만나게 된 형님들과 누님들을 통해 생각도 많이 바뀌었습니다. '나도 할 수 있구나', '나도 경제적 자유를 달성할 수 있겠구나' 라는 생각이 들었던 계기였습니다. 그리고 자산 50억 원을 달성할 수 있게 되었습니다.

혹시 당신도 과거에 제가 느꼈던 미래에 대한 걱정과 두려움을 갖고 계신가요? 만약 그렇다면 선택은 당신에게 달렸습니다. 내 집 마련과 월세 소득은 자신과는 거리가 먼 이야기로 치부하고 이미 태어났을 때부터 결정되었다고 생각하며 비관적으로 살아갈지, 혹은 이 책의 말을 속는 셈 믿어보고 부동산 투자를 통해 인생 한 판 뒤집기를 할지는 당신의 선택에 달려 있습니다. 물론 모든 사람이 부자가 될 필요는 없습니다. 부자가 되는 것도 선택이기 때문입니다. 하지만 저는 당신이 진심으로 부자가 되었으면 좋겠습니다. 당신이 부자가 되어야 하는 이유는 당신의 인생뿐만 아니라 당신의 가족과 주변 지인들의 삶도 바꿀 수 있기 때문입니다.

지금까지 이 책을 끝까지 읽었다면, 이제 당신은 부동산 투자에 관한 기본적인 내용을 알게 되셨습니다. 앞으로도 제가 올리는 칼럼에 대해 궁금하고, 함께하는 동료를 만들고 싶다면 '저의 SNS종합링크'(https://litt.ly/homofreedoms)로 놀러 오세요. 어려운 부분이나 막막한 부분에 대해서 질문을 주시면 빠르게 답변해드리도록 하겠습니다. 긴 글 읽어주셔서 감사드리며, 앞으로 이 책이 여러분의 인생에 조금이나마 도움이 되었으면 좋겠습니다.

호모 프리덤스
사회초년생 부동산 재테크 코치

32살 조과장은
어떻게 50억 자산을 소유하게 됐을까?

초판 1쇄 2024년 3월 5일

지은이 조영무
펴낸이 허연
편집장 유승현 **편집2팀장** 정혜재

책임편집 정혜재
마케팅 김성현 한동우 구민지 이혜규
경영지원 김민화 오나리
디자인 김보현 한사랑

펴낸곳 매경출판㈜
등록 2003년 4월 24일(No. 2-3759)
주소 (04557) 서울시 중구 충무로 2(필동1가) 매일경제 별관 2층 매경출판㈜
홈페이지 www.mkpublish.com **스마트스토어** smartstore.naver.com/mkpublish
페이스북 @maekyungpublishing **인스타그램** @mkpublishing
전화 02)2000-2641(기획편집) 02)2000-2646(마케팅) 02)2000-2606(구입 문의)
팩스 02)2000-2609 **이메일** publish@mkpublish.co.kr
인쇄 · 제본 ㈜M-print 031)8071-0961
ISBN 979-11-6484-668-9(03320)